Controlling im Krankenhau

Herausgegeben von
Prof. Dr. Winfried Zapp

Unter Mitarbeit von
Julian Terbeck, M.A.

Die Bücher der Reihe richten sich an Fach- und Führungskräfte im Controlling von Krankenhäusern und medizinischen Einrichtungen sowie an Dozenten und Studierende aus dem Bereich Gesundheitsmanagement und Controlling. Herausgeben werden sie von Prof. Dr. Winfried Zapp, Allgemeine Betriebswirtschaftslehre mit dem Schwerpunkt Rechnungswesen, insbesondere Controlling im Gesundheitswesen an der Hochschule Osnabrück unter Mitarbeit von Julian Terbeck, M.A. Aktuelle und relevante Themen des Controllings in Gesundheitseinrichtungen werden praxisnah aufbereitet. Neben den theoretischen Grundlagen zu Bereichen wie Leistungsverrechnung, Benchmarking, Prozesskostenrechnung und Berichtswesen bietet die Reihe konkrete Handlungsempfehlungen und Instrumente. Die Bücher, die in Zusammenarbeit mit Experten aus Wissenschaft und Praxis geschrieben werden, unterstützen die Leser dabei, ihr Wissen und ihre Kompetenz in den Bereichen Kostenmanagement, Controlling und Prozessmanagement zu erweitern und praktisch umzusetzen.

Sarah Hesse · Juliane Boyke · Winfried Zapp

Innerbetriebliche Leistungsverrechnung im Krankenhaus

Verrechnungskonstrukte und Wirkungen für Management und Controlling

Sarah Hesse, M.A.
Hannover, Deutschland

Juliane Boyke, B.A.
Scheeßel, Deutschland

Prof. Dr. Winfried Zapp
Hochschule Osnabrück
Osnabrück, Deutschland

ISBN 978-3-658-04163-2   ISBN 978-3-658-04164-9 (eBook)
DOI 10.1007/978-3-658-04164-9

Die Deutsche Nationalbibliothek verzeichnet diese Publikation in der Deutschen Nationalbibliografie; detaillierte bibliografische Daten sind im Internet über http://dnb.d-nb.de abrufbar.

Springer Gabler
© Springer Fachmedien Wiesbaden 2013

Lektorat: Stefanie Brich, Claudia Hasenbalg

Gedruckt auf säurefreiem und chlorfrei gebleichtem Papier.

Springer Gabler ist eine Marke von Springer DE. Springer DE ist Teil der Fachverlagsgruppe Springer Science+Business Media
www.springer-gabler.de

Vorwort

Die Innerbetriebliche Leistungsverrechnung ist ein wesentlicher Bestandteil der Kosten-, Leistungs-, Erlös- und Ergebnisrechnung, denn über die Verrechnungsgrößen können unterschiedliche Preise generiert werden. Damit werden aber auch Anreize oder Blockaden bei den Professionen gesetzt, da hohe Verrechnungspreise einen sparsamen Umgang erwirken und „billige" Verrechnungspreise dazu tendieren, zu einem Mehrverbrauch zu verführen.

Um entsprechende Anreize setzen zu können, ist deshalb Transparenz über Verrechnungsverfahren notwendig, um die Rechenwege nachvollziehen und somit auch die Wirkungen daraus ableiten zu können.

Sarah Hesse und Juliane Boyke haben unter der wissenschaftlichen Begleitung von Prof. Dr. Winfried Zapp die theoretische Ausarbeitung dieser Thematik vorgenommen. Um sie anwendungsorientiert darstellen zu können, haben wir das entsprechende Zahlenmaterial in unserem Haus zur Verfügung gestellt. So fand eine Kombination und Verknüpfung von theoretischem Vorgehen und anwendungsorientierten Abprüfen statt.

Das Zahlenmaterial ist so aufbereitet worden, dass eine Rückführung auf das tatsächliche vorfindbare Krankenhaus nur schwer möglich ist. Sowohl die Vollkräfte als auch die Kosten und Preise sind entsprechend der Realität abgebildet, sie sind aber beispielhaft zu verstehen und bilden das Modell der Verrechnung dar. Die Zahlen sind nicht 1:1 abgebildet, aber sie sind – in sich schlüssig – aus dem tatsächlichen Geschehen abgeleitet worden.

Damit sind nun verschiedene Verfahren dargestellt, sodass der Praktiker entscheiden kann, welches Verfahren er für sinnvoll halten kann und welches Verfahren er für geeignet hält, sowohl kostenrechnerisch als auch managementorientiert eingesetzt zu werden.

Diese Transparenz möge helfen, die Wirkungen unterschiedlicher Vorgehensweisen beim Management und Controlling ebenso nachvollziehen zu können wie in der Pflege und in der Medizin.

Juli 2013   Diplom-Ökonom Heinz Kölking
Vorstand Ev.-luth. Diakonissenmutterhaus Rotenburg Wümme e. V.
Präsident des Europäischen Verbands der Krankenhausdirektoren (EVKD)

Abkürzungs- und Symbolverzeichnis

amb.	ambulant
ÄZ	Äquivalenzziffer
Amb.	Ambulanz
C.	Coenenberg, A. (2009)
CMI	Case Mix Index
CT	Computertomografie
Dr.	Doktor
DRG	Diagnosis Related Groups
EBM	Einheitlicher Bewertungsmaßstab
EK	Endkostenstelle
E./W.	Ewert, Ralf u. Wagenhofer, Alfred (2008)
F.	Friedl, Birgit (2003)
FA	Facharzt
gGmbH	gemeinnützige GmbH
GmbH	Gesellschaft mit beschränkter Haftung
GOÄ	Gebührenordnung für Ärzte
IBLV	Innerbetriebliche Leistungsverrechnung
K_f	Fixe Gesamtkosten
K_v	Variable Gesamtkosten
k_v	Variable Stückkosten
K'	Grenzkosten
$K(x)$	Lineare Kostenfunktion
$K'(x)$	Lineare Grenzkostenfunktion
KBV	Kassenärztliche Bundesvereinigung
KHBV	Krankenhaus-Buchführungsverordnung
KHG	Krankenhausfinanzierungsgesetz
LM	Leistungsmenge
MRT	Magnetresonanztomographie
MTA	Medizinisch technische Assistenten
MVZ	Medizinisches Versorgungszentrum
OP	Operation

PD	Privatdozent
PPR	Pflegepersonalregelung
PW	Punktwert
Rad.	Radiologie
SAP	SAP Deutschland AG & Co. KG
stat.	stationär
SPZ	Sozialpädiatrisches Zentrum
SGB V	Sozialgesetzbuch Fünftes Buch
VK	Vorkostenstelle
x	Leistungen

Inhaltsverzeichnis

Abbildungsverzeichnis

Tabellenverzeichnis

Einführung

1

Mit einem Verrechnungspreis werden Innenleistungen bewertet, die zwischen abgegrenzten Unternehmensbereichen ausgetauscht werden. Aus dieser Definition ist ersichtlich, dass die Verrechnungspreisbildung thematisch in der Innerbetrieblichen Leistungsverrechnung anzusiedeln ist. Eine innerbetriebliche Leistung kann mithilfe verschiedener Verfahren zwischen der leistenden und der empfangenden Kostenstelle verrechnet werden.[1] Der Leistungsaustausch, der im Rahmen der Verfahren zwischen zwei Kostenstellen verrechnet wird, ist in logischer Konsequenz wertmäßig darzustellen.[2]

Die erste deutschsprachige Auseinandersetzung zum Verrechnungspreis geht auf Schmalenbach und dessen Habilitationsschrift aus dem Jahre 1903 zurück.[3] Trotz des langen Bestandes hat das Thema nicht an Bedeutung verloren.[4] Allerdings finden sich in der Literatur wenige Publikationen zu Verrechnungspreisen als Bestandteil des Krankenhausmanagement.[5]

Daher ist es das Ziel, kosten-, marktpreis- und budgetorientierte Verrechnungspreise in verschiedener Höhe mithilfe verschiedener Methoden für Leistungen eines Krankenhauses zu entwickeln. Dies soll exemplarisch an radiologischen Leistungen durchgeführt werden, um so Transparenz zu erreichen und die Wirkungen unterschiedlicher Verrechnungspreise deutlich werden zu lassen.

Die Höhe eines Verrechnungspreises ist in der Praxis abhängig von dessen Anwendungsbedingungen und der damit verbundenen Zielsetzung.[6] Hier soll die Lenkungsfunktion im Mittelpunkt stehen und damit die Wirkung des Verrechnungspreises auf das Anforderungsverhalten der Verantwortlichen im Vordergrund. In Krankenhäusern ist eine er-

---

[1] Vgl. Hummel und Männel (1986, S. 211 ff.).
[2] Vgl. Kilger (1987 S. 56).
[3] Vgl. Pfaff und Pfeiffer (2004, S. 296 ff.).
[4] Vgl. Coenenberg (2009).
[5] Vgl. Eichhorn (1999 S. 1), Kuntz und Vera (2005 S. 595 ff.).
[6] Vgl. Zapp (2008b, S. 356).

S. Hesse et al., *Innerbetriebliche Leistungsverrechnung im Krankenhaus*,
Controlling im Krankenhaus, DOI 10.1007/978-3-658-04164-9_1,
© Springer Fachmedien Wiesbaden 2013

hebliche Leistungsverflechtung zudem zwischen weiteren Kostenstellen anzutreffen.[7] Zur Patientenversorgung sind die Primärbereiche auf die Leistungen der medizinischen Sekundärbereiche, wie beispielsweise der Radiologie, angewiesen.[8] Daher ist diese medizinische Fachrichtung zur Bildung von Verrechnungspreisen gewählt worden.

Zunächst werden die theoretischen Grundlagen, in die die Verrechnungspreisbildung einzuordnen ist, beleuchtet. Die Entwicklung der Verrechnungspreise und die dahinter stehenden Konzepte werden anhand der Fachabteilung Radiologie eines Modellkrankenhauses im dritten Kapitel dargestellt. Zur Verrechnungspreisbildung auf Kostenbasis werden der Input sowie der Output des betrachteten Unternehmensbereiches benötigt.

In der Betriebswirtschaftslehre sind hauptsächlich zwei Methoden zur Verrechnungspreisbildung zu finden. Dieses sind die marktpreisorientierten sowie die kostenorientierten Ansätze. Von Zapp wurde auf Grundlage der beiden Methoden eine differenziertere Gliederung entwickelt, die hier mit Beispielen dargestellt und durchgerechnet wird. In jedem Abschnitt werden auf Basis der jeweiligen Methode Verrechnungspreise in unterschiedlicher Höhe entwickelt. Die den Berechnungen zu Grunde liegenden Annahmen und Konzepte werden erläutert. Zuerst wird die Ermittlung des Preises für ein Einheitsprodukt im Rahmen der Äquivalenzziffernkalkulation aufgezeigt. Darauf folgt am Beispiel von vier ausgewählten Leistungen die jeweilige Bildung des Verrechnungspreises.

Unter dem Blickwinkel Lenkungsfunktion wird im letzten Abschnitt des dritten Kapitels die Anwendung der entwickelten Verrechnungspreise diskutiert. Abschließend wird im vierten Kapitel ein Ausblick zur weiteren Entwicklung der Berechnungsgrundlagen für die ermittelten Verrechnungspreise gegeben.

---

[7] Vgl. Hoppe (1999, S. 58).
[8] Vgl. Multerer (2008, S. 30).

Theoretische Grundlagen

2.1 Leistungen als Ausgangspunkt

Die Auseinandersetzung mit dem Output der Unternehmen gehört zu den zentralen Elementen der Betriebswirtschaftslehre. Im Zusammenhang mit dem internen Rechnungswesen sind als Outputgrößen die Leistungen sowie die Erlöse zu nennen. Die Leistungsrechnung beinhaltet die Leistungserfassung sowie die Leistungsbewertung.[1] Keun und Prott zählen des Weiteren die Leistungsverrechnung hinzu.[2] Die Leistungsverrechnung wird in die Kostenrechnung eingeordnet, wie den Erläuterungen im Abschn. 2.2.1 zu entnehmen ist. Obwohl die Leistungsrechnung eigenständige Bestandteile ausweist, finden sich signifikant mehr Bücher der Standardliteratur mit dem Titel Kostenrechnung als Kosten- und Leistungsrechnung, Kosten-, Leistungs-, Erlös- und Ergebnisrechnung oder in ähnlichen Kombinationen.[3] Männel bemerkte 1992, dass die Kostenrechnung sachgerecht als Kosten-, Leistungs-, Erlös- und Ergebnisrechnung zu bezeichnen wäre.[4]

Der Kostenbegriff selbst ist innerhalb der Betriebswirtschaftslehre nicht einheitlich definiert.[5] Übereinstimmend sind jedoch die Merkmale Güterverbrauch, Sachzielbezogenheit sowie die Bewertung festzustellen.[6] Diese Auslegung, welche auch als wertmäßiger Kostenbegriff bezeichnet wird, geht auf Schmalenbach zurück.[7] Als Pendant zu den Kosten werden häufig Leistungen angegeben.[8] Autoren wie Haberstock, Coenenburg und Schma-

---

[1] Vgl. Zapp (2000, S. 62) sowie Keun und Prott (2008).

[2] Vgl. Keun und Prott (2008).

[3] Vgl. Kilger (1987) sowie Haberstock (2008); Hummel und Männel (1986); Keun und Prott (2008).

[4] Vgl. Männel (1992): Vorwort.

[5] Vgl. Wöhe (2008).

[6] Vgl. Schweitzer und Küpper (2008, S. 13) sowie Haberstock (2008, S. 17); Hentze und Kehres (2008, S. 21).

[7] Vgl. Wöhe (2008).

[8] Vgl. Hummel und Männel (1986, S. 83).

S. Hesse et al., *Innerbetriebliche Leistungsverrechnung im Krankenhaus*, Controlling im Krankenhaus, DOI 10.1007/978-3-658-04164-9_2, © Springer Fachmedien Wiesbaden 2013

lenbach stellen die Begrifflichkeiten Kosten und Leistungen gegenüber.[9] Hummel und Männel führen hingegen aus, dass die Analogie in der Fachterminologie üblich ist, Kosten und Leistungen aber nicht generell als Gegenstücke gesehen werden können.[10] Aufgrund der konträren Definitionen der Leistungen beschäftigt sich dieser Abschnitt mit dem Leistungsbegriff.

Eine Zusammenstellung der wesentlichen Merkmale des Leistungsbegriffs ist der Tab. 2.1[11] zu entnehmen. Hentze und Kehres definieren den Leistungsbegriff in ihren Ausführungen nicht. Sie machen aber ebenfalls deutlich, dass Leistungen häufig als Gegenstück zu den Kosten gesehen werden. Der Leistungsbegriff sei aber mengenmäßig sowie wertmäßig zu verwenden, so die Autoren.[12] Schweitzer und Küpper beschäftigen sich mit der Kosten- und Erlösrechnung[13] und definieren den Leistungsbegriff daher nicht.

Mit Ausnahme von Kilger und Zapp enthalten die Definitionen des Leistungsbegriffs der oben genannten Autoren die Sachzielbezogenheit bzw. den Betriebszweck. Da das Sachziel verschiedener Unternehmen nicht identisch ist, variiert auch der Umfang der Leistungen, welche in die Rechnungen eines Unternehmens einbezogen werden. Nach Schmalenbach hat der Leistungsbegriff daher eine relative Geltung und keine absolute.[14] Die typische Tätigkeit eines Krankenhauses hat Eichhorn im zweistufigen Leistungserstellungsprozess charakterisiert.[15] Nach dem zweistufigen Leistungserstellungsprozess ist die Primärleistung eines Krankenhauses die Verbesserung des Gesundheitszustandes der Patienten.[16] Neben der stationären Versorgung eines Krankenhauses zählt die ambulante Versorgung ebenfalls zu den Leistungen im Sinne des Betriebszwecks eines Krankenhauses. Diese Aussage steht in der Konkurrenz mit der Krankenhausleistungsdefinition des KHG, die auch die Unterbringung sowie die Versorgung des Patienten beinhaltet,[17] ist aber die logische Folge aus dem Betriebszweck.

In der Literatur finden sich verschiedene Ausführungen darüber, wie die Bewertung dem Leistungsbegriff zuzurechnen ist. Es wird von einem mengenmäßigen sowie von einem wertmäßigen Leistungsbegriff gesprochen, welche voneinander abzugrenzen sind.[18] Der Tab. 2.1 – Merkmal III – ist ebenfalls zu entnehmen, dass der Aspekt der Bewertung nicht von allen Autoren in die Leistungsdefinition aufgenommen wurde. Der mengenmäßige Leistungsbegriff beinhaltet die Kombination der Produktionsfaktoren.[19] In der Be-

---

[9] Vgl. Schmalenbach (1963, S. 10) sowie Anhang 1.

[10] Vgl. Hummel und Männel (1986, S. 83 f.) sowie Weber (1992, S. 8).

[11] Vgl. hierzu ausführlicher Anhang 2.

[12] Vgl. Hentze und Kehres (2008, S. 22).

[13] Vgl. Schweitzer und Küpper (2008, S. 1).

[14] Vgl. Schmalenbach (1963, S. 11).

[15] Vgl. Eichhorn (1975, S. 16) sowie Eichhorn (2008, S. 91); vgl. hierzu Anhang 3, wo der Leistungserstellungsprozess bezogen auf die Pflege abgebildet ist.

[16] Vgl. Eichhorn (1975, S. 16).

[17] Vgl. § 2 KHG.

[18] Vgl. Zapp (2000, S. 65) sowie Schmalenbach (1963, S. 12); Hummel und Männel (1986, S. 84).

[19] Vgl. Zapp (2008a, S. 448).

Tab. 2.1 Merkmale des Leistungsbegriffs (eigene Darstellung, Datenquelle: Siehe Anhang 2)

Autor	Merkmal I	Merkmal II	Merkmal III	Merkmal IV
Coenenberg (2009)	sachziel-bezogene	–	bewertete	Gütererstellung
Haberstock (2008)	typische betriebliche Tätigkeit	pro Periode	Wert	erbrachte Leistungen
Hentze und Kehres (2008)	–	–	–	–
Hummel und Männel (1986)	betriebliche	–	–	Ergebnis der Leistungserstellung
Keun und Prott (2008)	betriebliche	Geschäfts-periode	Geld ausgedrückte Wert	Ergebnis der Leistungserstellung
Kilger (1987)	–	einer Periode	–	Wertezuwachs durch die hergestellten und abge-setzten Produktmengen
Schmalenbach (1963)	Betriebszweck	–	–	Werteschaffen
Schweitzer und Küpper (2008)	–	–	–	–
Wöhe (2008)	typische betriebliche Tätigkeit	–	Wert	erbrachte Leistungen
Zapp et al. (2010)	–	–	Wertebegriff	Ergebnis oder Prozess einer Anstrengung

triebswirtschaftslehre bezeichnet man die eingesetzten Güter, durch deren Kombination oder Umwandlung andere Güter entstehen, als Produktionsfaktoren.[20] Im Krankenhaus wird die Primärleistung durch den Einsatz bzw. die Kombination der Sekundärleistungen erreicht.[21] Keun und Prott greifen diese zur Beschreibung des mengenmäßigen Leistungsbegriffs ebenfalls auf. Die Aufzählung enthält die medizinische und pflegerische Leistung, Leistungen der medizinischen Institutionen, Einzelleistungen der Ver- und Entsorgung sowie Leistungen der Verwaltung.[22] Nach Hentze und Kehres ist der Inhalt der Leistungsrechnung im Krankenhaus hauptsächlich von der Mengenrechnung geprägt und demnach der mengenmäßige Leistungsbegriff anzuwenden.[23] Die Einheiten des mengenmäßigen Leistungsbegriffs sind beispielsweise produzierte Stückzahlen[24] und auf das Krankenhaus-

---

[20] Vgl. Wöhe (2008).
[21] Vgl. Eichhorn (1975, S. 16) sowie Eichhorn (2008, S. 91).
[22] Vgl. Keun und Prott (2008).
[23] Vgl. Hentze und Kehres (2008, S. 22).
[24] Vgl. Däumler und Grabe (2008).

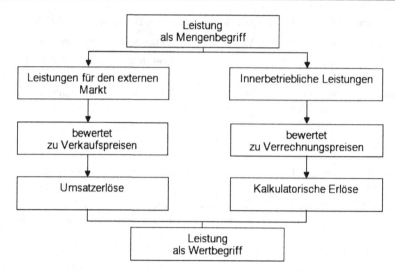

Abb. 2.1 Zusammenhang zwischen Mengenbegriff und Wertbegriff (modifiziert nach Däumler und Grabe 2008)

wesen übertragen somit die Anzahl der erbrachten Sekundärleistungen. Der wertmäßige Leistungsbegriff ist das eigentliche Gegenstück zum Kostenbegriff.[25] Inhaltlich beschäftigt sich der wertmäßige Leistungsbegriff mit den in Geldeinheiten bewerteten Leistungen.[26] Die Bewertung ermöglicht den Vergleich von verschiedenartigen Leistungen und die Ermittlung des Betriebsergebnisses.[27] Abbildung 2.1 verdeutlicht den Zusammenhang zwischen dem mengenmäßigen und dem wertmäßigen Leistungsbegriff. Leistungen können auf dem externen Markt angeboten werden, oder für innerbetriebliche Leistungsempfänger bestimmt sein.[28] Für die Wertleistung kann der Begriff Erlös synonym verwandt werden.[29] Schmalenbach spricht sich allerdings dagegen aus, da dieses nicht zum Verständnis beitragen würde.[30]

Das Merkmal IV der Tab. 2.1 lässt sich inhaltlich mit dem Ergebnis des Leistungserstellungsprozesses zusammenfassen. Der zweistufige Leistungserstellungsprozess eines Krankenhauses wurde bereits thematisiert. Mit den fünf Parametern Pflegetage, Diagnostik, Therapie, Pflege und Versorgung[31] sind die Leistungen des Krankenhauses grob gegliedert. Beispielhaft wird daher im Folgenden versucht die Pflegeleistung weiter zu differenzieren. Die PPR, welche häufig zur Kalkulation der Pflegeleistung herangezogen wird, unterteilt

---

[25] Vgl. Hummel und Männel (1986, S. 84).

[26] Vgl. Däumler und Grabe (2008) sowie Schweitzer und Küpper (2008, S. 21).

[27] Vgl. Schweitzer und Küpper (2008, S. 21).

[28] Vgl. Schmalenbach (1963, S. 11).

[29] Vgl. Hentze und Kehres (2008, S. 22) sowie Zapp (2000, S. 65).

[30] Vgl. Schmalenbach (1963, S. 12).

[31] Vgl. Eichhorn (1975, S. 16).

die Pflegeleistung in allgemeine und spezielle Pflege.[32] Vonseiten der Pflege wird diese Kategorisierung inhaltlich in Frage gestellt, da der Pflegeprozess nicht ausreichend Berücksichtigung findet.[33] Die ganzheitlichen Bedürfnisse des Menschen sollten demnach der Orientierungspunkt innerhalb der Pflege sein.[34] Dieses beinhaltet u. a. die Freundlichkeit der Mitarbeiter eines Krankenhauses, ein zwischenmenschliches Vertrauensverhältnis oder dass der Patient nicht nur als Behandlungsobjekt, sondern auch als Mensch mit Gefühlen gesehen wird.[35] Die genannten Parameter tragen zum Gelingen der Behandlung[36] und somit auch zur Verbesserung des Gesundheitszustandes des Patienten bei. Diese Ausführungen sollen eine Anregung sein, im Rahmen der Definition des Leistungsbegriffs im Krankenhauswesen auch Aspekte anderer Professionen neben denen der Betriebswirtschaftslehre zu bedenken.

Zur Durchführung der Kostenrechnung ist die Leistungsrechnung notwendige Voraussetzung.[37] Der mengenmäßige Leistungsbegriff wird wie folgt definiert: Tätigkeiten, die innerhalb eines Krankenhauses zur Verbesserung des Gesundheitszustandes eines Patienten erbracht werden. Zudem wird die Wortbedeutung von Erlös und wertmäßigen Leistungsbegriff als identisch verwendet. Die Erlösrechnung folgt der Leistungsrechnung,[38] indem sie die Erlöse betrachtet, die einer Einrichtung durch die Leistungserstellung zufließen.[39] Die Differenz zwischen Erlösen und Kosten bildet das Betriebsergebnis.[40] Aufgrund der genannten Zusammenhänge bilden die Leistungen den Ausgangspunkt für die weiteren Rechnungen innerhalb des internen Rechnungswesens.

2.2 Innerbetriebliche Leistungsverrechnung als Problemgegenstand der Kostenrechnung

2.2.1 Einordnung der Innerbetrieblichen Leistungsverrechnung in die Kostenrechnung

Im vorherigen Kapitel wurde bereits zwischen externen und internen Leistungen unterschieden. Die internen Leistungen entstehen durch die Leistungsverflechtungen zwischen den Kostenstellen eines Unternehmens.[41] Die Innerbetriebliche Leistungsverrechnung beschäftigt sich daher mit dem wertmäßigen Ausgleich der Leistungen zwischen den betrieb-

---

[32] Vgl. Plücker (2006, S. 37).
[33] Vgl. Kuhlmann (2003).
[34] Vgl. Brobst (1996, S. 19).
[35] Vgl. Michaelis (2007).
[36] Vgl. Michaelis (2007).
[37] Vgl. Bölke und Schmidt-Rettig (1988, S. 459).
[38] Vgl. Zapp (2008a, S. 450).
[39] Vgl. Liessmann (1997, S. 193).
[40] Vgl. Schweitzer und Küpper (2008, S. 47) sowie Wöhe (2008).
[41] Vgl. Hummel und Männel (1986, S. 191).

lichen Teilbereichen.[42] Von verschiedenen Autoren der Standardliteratur wird die Innerbetriebliche Leistungsverrechnung als ein Bestandteil der Kostenstellenrechnung, welche
das Bindeglied zwischen der Kostenarten- und Kostenträgerrechnung ist,[43] gesehen.[44] Die
KHBV verpflichtet die Krankenhäuser in Deutschland dazu, eine Kostenstellenrechnung
zu betreiben.[45] Zudem ist ein Grundschema für den Kostenstellenplan vorgegeben.[46]

Die Kostenstellenrechnung bildet die Grundlage dafür, dass die Gemeinkosten[47] auf
die Kostenträger weiterverrechnet werden können.[48] Durch die Kostenerfassung auf den
Kostenstellen wird der Ort der Kostenentstehung sichtbar.[49] Dieses ist der Ausgangspunkt
für eine der Realität entsprechende und genaue Ermittlung der Stückkosten.[50] Die Gemeinkosten werden entsprechend der Kostenstellenbeanspruchung durch die Kostenträger
diesen zugerechnet.[51] Neben den Kosten werden aber auch die Orte sichtbar, in denen Erlöse entstehen.[52] Das bedeutet, dass die Leistungsbeziehungen im Unternehmen dargestellt
werden.[53]

In der Kostenstellenrechnung werden für jede einzelne Kostenstelle Kosten und Erlöse
erfasst.[54] Die Kostenverrechnung erfolgt in mehreren Phasen: Primär- und Sekundärkostenverrechnung.[55] Dabei werden zunächst in der Primärkostenverrechnung die Gemeinkosten auf die einzelnen Kostenstellen verteilt.[56] Da in jeder Unternehmung Kostenstellen
existieren, die hauptsächlich als Dienstleister für die Hauptkostenstellen fungieren, ist zusätzlich auch die Erfassung der innerbetrieblichen Leistungsverflechtungen notwendig.[57]
Im Krankenhaus sind Beispiele hierfür die Wirtschaftsbereiche Küche oder Wäscherei,
aber auch die medizinischen Dienstleister Labor, Röntgendiagnostik oder Anästhesie.[58]
Zu erwähnen ist auch, dass ein Leistungsaustausch zwischen anderen Kostenstellenarten
erfolgt.[59] Das bedeutet, dass in der Sekundärkostenverrechnung die Gemeinkosten der

---

[42] Vgl. Schmalenbach (1963, S. 361).

[43] Vgl. Schweitzer und Küpper (2008, S. 120 f.).

[44] Vgl. Schmalenbach (1963, S. 358 ff.) sowie Hummel und Männel (1986, S. 191); Kilger (1987,
S. 154 ff.); Haberstock (2008, S. 103).

[45] Vgl. § 8 Nr. 1 KHBV.

[46] Vgl. Anlage 5 KHBV.

[47] Einzelkosten werden von der Kostenartenrechnung direkt dem Kostenträger zugerechnet. Dieses
ist für Gemeinkosten nicht möglich.

[48] Vgl. Hummel und Männel (1986, S. 190).

[49] Vgl. Coenenberg (2009).

[50] Vgl. Schweitzer und Küpper (2008, S. 120 f.).

[51] Vgl. Haberstock (2008, S. 142).

[52] Vgl. Schweitzer und Küpper (2008, S. 120).

[53] Vgl. Haberstock (2008, S. 103).

[54] Vgl. Hummel und Männel (1986, S. 191).

[55] Vgl. Keun und Prott (2008).

[56] Vgl. Coenenberg (2009).

[57] Vgl. Hummel und Männel (1986, S. 191).

[58] Vgl. Conrad (2004, S. 49 f.).

[59] Vgl. hierzu auch Abschn. 2.2.2.

Kostenstellen, die nicht direkt an der Leistungserstellung beteiligt sind, über die Innerbetriebliche Leistungsverrechnung an die wertschöpfenden Kostenstellen weiterverrechnet
werden.[60] Somit führt die Verrechnung der angefallenen Kosten für innerbetriebliche Leistungen zum Anfall von Sekundärkosten bei den leistungsempfangenden Kostenstellen.[61]

Die Kostenstellenrechnung ermöglicht zudem die Kontrolle der Wirtschaftlichkeit.[62]
Die Informationen der Kostenstellenrechnung können durch die Kostenstellenverantwortlichen für Planungszwecke genutzt werden. Beispielsweise können die Kosten innerbetrieblicher Serviceeinheiten Make-or-Buy-Entscheidungen unterstützen.[63]

2.2.2 Kostenstellentypen

Die zuvor dargestellte Vorgehensweise der Kostenverrechnung bedingt die Differenzierung der Kostenstellen. Dieses ist nach leistungstechnischen und rechnungstechnischen
Gesichtspunkten möglich.[64] Hummel und Männel sowie Keun und Prott unterscheiden
zunächst die Kostenstellen nach abrechnungstechnischen Kriterien in Vor- und Endkostenstellen.[65] Hentze und Kehres dagegen differenzieren neben den abrechnungstechnischen Gesichtspunkten die Kostenstellen nach leistungstechnischen Kriterien in Haupt-,
Hilfs- und Nebenkostenstellen.[66] Des Weiteren verdeutlichen Hentze und Kehres, dass
die Fachtermini Hauptkostenstelle und Endkostenstelle sowie Hilfskostenstelle und Vorkostenstelle aufgrund des engen inhaltlichen Zusammenhanges zwischen leistungstechnischen und rechnungstechnischen Gesichtspunkten oft gleichbedeutend verwendet werden.[67]

Hummel und Männel hingegen machen in ihren Ausführungen die Unterschiede zwischen den Haupt- und Endkostenstellen deutlich. Die Endkostenstelle ist ein Oberbegriff,
unter dem Haupt- und Nebenkostenstellen zusammengefasst sind.[68] Endkostenstellen erbringen ihre Leistungen direkt an den Kostenträgern.[69] Während in den Hauptkostenstellen die sachzielbezogenen Marktleistungen des Unternehmens erstellt werden, erbringen
die Nebenkostenstellen Leistungen, die nicht zum eigentlichen Betriebszweck gehören. Im
Krankenhaus sind dieses beispielsweise Wohnheime und Kindertagesstätten.[70]

---

[60] Vgl. Coenenberg (2009).
[61] Vgl. Keun und Prott (2008).
[62] Vgl. Haberstock (2008, S. 103).
[63] Vgl. Coenenberg (2009).
[64] Vgl. Hentze und Kehres (2008, S. 63).
[65] Vgl. Hummel und Männel (1986, S. 192 ff.) sowie Keun und Prott (2008).
[66] Vgl. Hentze und Kehres (2008, S. 63).
[67] Vgl. Hentze und Kehres (2008, S. 63).
[68] Vgl. Hummel und Männel (1986, S. 192).
[69] Vgl. Schweitzer und Küpper (2008, S. 124).
[70] Vgl. Hentze und Kehres (2008, S. 63).

Vorkostenstellen geben dagegen ihre Leistungen an andere Kostenstellen ab und die leistungserstellungsbedingten Kosten werden der empfangenden Kostenstelle zugerechnet.[71] Das bedeutet, dass Vorkostenstellen innerbetriebliche Leistungen an andere Kostenstellen, insbesondere Hauptkostenstellen, abgeben und somit mittelbar der Leistungserstellung dienen.[72] Die Begrifflichkeiten Hilfskostenstelle und Vorkostenstelle werden synonym verwendet. Die innerbetrieblichen Leistungen werden nicht am Markt veräußert und somit werden für sie unmittelbar keine Erlöse erzielt.[73] Hummel und Männel beschreiben Vorkostenstellen als unselbstständige Zwischenglieder der Weiterwälzung von Kosten innerhalb der Kostenstellenrechnung.[74] Nicht nur Hilfskostenstellen erstellen innerbetriebliche Leistungen, sondern es können auch von Haupt- und Nebenkostenstellen innerbetriebliche Leistungen sowohl für andere Haupt- und Nebenkostenstellen als auch für Hilfskostenstellen erbracht werden.[75]

2.2.3 Bedeutung der Innerbetrieblichen Leistungsverrechnung

Zur korrekten Kostenzuordnung auf den Kostenträger über die Kostenstellenrechnung ist regelmäßig eine Innerbetriebliche Leistungsverrechnung notwendig.[76] Neben der Primärkostenverrechnung bildet daher die Sekundärkostenverrechnung einen wichtigen Bestandteil der Kostenstellenrechnung. Durch die verursachungsgerechte Zuordnung der Kosten der Wiedereinsatzgüter erhöhen sich die Gemeinkosten der anfordernden Kostenstellen.[77] In Folge dessen erhöht sich auch der Gemeinkostenverrechnungssatz dieser Kostenstellen[78] und somit die Genauigkeit der Kalkulation.[79]

Die leistenden Kostenstellen werden im Rahmen der Innerbetrieblichen Leistungsverrechnung von den dann sekundären Gemeinkosten der empfangenden Kostenstellen entlastet.[80] Die zur Verfügungsstellung von derivativen Gütern hat somit eine ergebnisneutrale Wirkung für die leistende Kostenstelle. In logischer Konsequenz sind daher die Kosten der innerbetrieblichen Leistungen von den empfangenden Kostenstellen zu tragen, auf deren Erfolg sich der Leistungsaustausch auswirkt.[81] Wenz bezeichnet die Tatsache als Allokationswirkung, wenn die Kostenstellen die Innenleistungen in Anspruch nehmen, die aufgrund ihrer Erlössituation in der Lage sind, die sekundären Gemeinkosten zu tra-

---

[71] Vgl. Hummel und Männel (1986, S. 192 ff.).
[72] Vgl. Hentze und Kehres (2008, S. 63).
[73] Vgl. Keun und Prott (2008, S. 166).
[74] Vgl. Hummel und Männel (1986, S. 192 ff.).
[75] Vgl. Hummel und Männel (1986, S. 192 ff.).
[76] Vgl. Kilger (1987, S. 15) sowie Schweitzer und Küpper (2008, S. 131).
[77] Vgl. Coenenberg (2009).
[78] Vgl. Wenz (1992, S. 488).
[79] Vgl. Haberstock (2008, S. 103).
[80] Vgl. Kilger (1987, S. 177).
[81] Vgl. Wenz (1992, S. 489).

gen.[82] Im Aufgabenbereich der Kostenstellenverantwortlichen liegt die Ergebniskontrolle ihres Verantwortungsbereichs.[83] Daher müssen sie auch über den Bezug von innerbetrieblichen Leistungen entscheiden. In diesem Zusammenhang ist es wichtig, den Nutzen den entstehenden Kosten gegenüberzustellen.[84] Durch die Verbrauchssteuerung wird die effektive Anforderung der innerbetrieblichen Leistungen gewährleistet.[85] Bei gegebener Patientenstruktur lässt sich die Anforderungswirtschaftlichkeit erkennen und dadurch ist eine Beurteilung der sparsamen Wirtschaftsführung möglich.[86] Neben der Anforderungswirtschaftlichkeit ist auch die Produktionswirtschaftlichkeit ein Bestandteil der Wirtschaftlichkeitskontrolle im Rahmen der Innerbetrieblichen Leistungsverrechnung. Unter der Produktionswirtschaftlichkeit verstehen Hentze und Kehres die wirtschaftliche Erstellung der Leistung.[87]

Die Leistungsrechnung bildet die Grundlage vor allem dafür, dass sich einerseits die Produktionswirtschaftlichkeit aber auch die Anforderungswirtschaftlichkeit im Krankenhaus kostenstellenbezogen kontrollieren lassen.[88] Die Leistungsrechnung ermöglicht die Transparenz des Leistungsgeschehens im Krankenhaus, indem sie zur Beantwortung folgender Fragen beiträgt: Wer erbringt, mit welchen Mitteln, wo, für wen, wann, welche Leistung.[89] Mithilfe der Kosteninformationen je Kostenstelle und dieser wichtigen Leistungsinformationen ist eine Aussage über die Wirtschaftlichkeit der Leistungserbringung der leistungserbringenden Kostenstelle möglich.[90]

Die Kosten innerbetrieblicher Leistungen werden zu unterschiedlichen Motiven ermittelt.[91] Dazu zählt u. a. die Festlegung von Verrechnungspreisen für zu erbringende Innenleistungen.[92] Die Verrechnung erfolgt hierbei, sobald die Leistungen erbracht sind.[93] Des Weiteren ist die Aktivierung von Eigenleistungen zu nennen,[94] sowie die Abrechnung der Hilfskostenstellen zum Periodenende.[95] Anschließend sind besondere Problemstellungen auszuführen wie beispielsweise Entscheidungen über Selbsterstellung oder Fremdbezug von Leistungen.[96]

---

[82] Vgl. Wenz (1992, S. 489).
[83] Vgl. Hummel und Männel (1986, S. 194).
[84] Vgl. Schmalenbach (1963, S. 139).
[85] Vgl. Wenz (1992, S. 489).
[86] Vgl. Hentze und Kehres (2008, S. 79).
[87] Vgl. Hentze und Kehres (2008, S. 78 f.).
[88] Vgl. Hentze und Kehres (2008, S. 61 f.).
[89] Vgl. Zapp (2000, S. 63).
[90] Vgl. Hentze und Kehres (2008, S. 78 f.).
[91] Vgl. Wenz (1992, S. 489 f.).
[92] Vgl. Schmalenbach (1963, S. 362).
[93] Vgl. Wenz (1992, S. 489 f.).
[94] Vgl. Haberstock (2008, S. 123).
[95] Vgl. Wenz (1992, S. 489 f.).
[96] Vgl. Conrad (2004, S. 50).

2.2.4 Probleme der Innerbetrieblichen Leistungsverrechnung

Im Rahmen der Innerbetrieblichen Leistungsverrechnung können verschiedene Problematiken auftreten. Drei in der Literatur genannte werden im Folgenden erläutert. Das Problem der Verteilung bzw. Zurechnung von Kosten in der Kostenstellenrechnung findet sich u. a. auch in der Kostenstellenumlage[97] der innerbetrieblichen Leistungen wieder. Eine Kostenstellenumlage zwischen Vorkostenstellen bzw. zwischen Vor- und Endkostenstellen sowie zwischen Endkostenstellen ist dann notwendig, wenn innerhalb dieser Stellen ein Leistungsaustausch stattfindet.[98] Maßgebend für die Reihenfolge und die Art[99] der Kostenstellenumlage sind die innerbetrieblichen Güter- und Leistungsströme zwischen den Kostenstellen. Eine sinnvolle Reihenfolge ist dann gegeben, wenn jede Vorkostenstelle lediglich Leistungen an nachfolgende Vor- oder Endkostenstellen abgibt und nur von vorhergehenden Kostenstellen Leistungen empfängt.[100] Jedoch findet ständig zwischen verschiedenen Kostenstellen ein gegenseitiger Leistungsaustausch statt.[101] Dabei fließen innerbetriebliche Güter- und Leistungsströme von Vorkostenstellen auf andere Vorkostenstellen und auf Endkostenstellen sowie umgekehrt von Endkostenstellen auf andere Endkostenstellen und auf Vorkostenstellen.[102] Diese Leistungsverflechtung stellt eine Schwierigkeit der Innerbetrieblichen Leistungsverrechnung dar,[103] denn die Kosten dieser Kostenstellen müssen im Sinne der aufgetretenen Leistungsströme gegenseitig verrechnet werden. Begründet liegt dies in der Tatsache, dass ein Verzicht auf die Verrechnung der Kosten, die für den Leistungsstrom in einer Richtung anfallen, zu einer Verminderung der Strukturgleichheit sowie der Genauigkeit der Kostenrechnung führen würde.[104] Verdeutlicht wird die Problematik des Leistungsaustausches u. a. durch Haberstock und Wöhe.[105] So benötigt die leistende Kostenstelle den sogenannten sekundären Gemeinkostenbetrag, um ihre Leistungen zu kalkulieren und abrechnungsmäßig zu verteilen. Der sekundäre Gemeinkostenbetrag ist der Betrag, mit dem die Kostenstelle belastet wird, aufgrund dessen, dass sie selbst innerbetriebliche Leistungen in Anspruch genommen hat.[106] Wiederum können aber auch umgekehrt die anderen Kostenstellen ihre Leistungen erst abrechnen, wenn sie ihre sekundären Gemeinkosten kennen, die ihnen von andern Kostenstellen in Rechnung ge-

---

[97] Hummel und Männel machen in ihren Ausführungen deutlich, dass in der Literatur keine eindeutige Angrenzung zwischen Umlage und Verrechnung der innerbetrieblichen Leistungen erfolgt (Vgl. Hummel und Männel (1986, S. 217)).

[98] Vgl. Haberstock (2008, S. 115).

[99] Unter der Art der Kostenstellenumlage wird die Differenzierung in bestandsgrößenbezogene Gemeinkostenschlüssel sowie in bewegungsbezogene Gemeinkostenschlüssel verstanden.

[100] Vgl. Schweitzer und Küpper (2008, S. 131).

[101] Vgl. Schmalenbach (1963, S. 361 f.) sowie Wöhe (2008); Schweitzer und Küpper (2008, S. 131).

[102] Vgl. Schweitzer und Küpper (2008, S. 131).

[103] Vgl. Wöhe (2008) sowie Conrad (2004, S. 51).

[104] Vgl. Schweitzer und Küpper (2008, S. 131).

[105] Vgl. Wöhe (2008) sowie Haberstock (2008, S. 124).

[106] Vgl. Haberstock (2008, S. 124).

stellt werden.[107] Somit liegt das Problem der Innerbetrieblichen Leistungsverrechnung in der gegenseitigen Abhängigkeit des innerbetrieblichen Leistungsaustausches.[108] Im Krankenhaus ist diese Problematik insbesondere bei wechselseitigen Konsiliarleistungen gegeben.[109] Für die Ermittlung des Kostenwertes bei wechselseitigen Leistungsbeziehungen zwischen Kostenstellen und das sich daraus ergebende rechnerische Problem stehen mathematische Methoden zur Verfügung. Doch deren Anwendung bereitet bei verzweigten Leistungsbeziehungen erhebliche Schwierigkeiten und die wiederholte Verteilung von den sogenannten Innenleistungskosten wird als komplex angesehen.[110] Nach Hummel und Männel werden in der Kostenrechnungspraxis daher bevorzugt feste Verrechnungspreise verwendet. Diese werden einmalig ermittelt und für längere Zeit unter Verzicht auf strenge Genauigkeit beibehalten.[111]

Ein weiteres Problem der Innerbetrieblichen Leistungsverrechnung besteht in der Leistungsdefinition und der Leistungserfassung. Voraussetzung für leistungsbezogene Kostenverteilung ist eine unternehmensspezifische Leistungsrechnung.[112] Um die Kosten, das heißt den Input, anhand der erbrachten Leistungen, dem sogenannten Output, zu verteilen, muss nicht nur der Input bekannt sein, sondern ebenfalls der Output. Somit müssen für jede leistungsabgebende Kostenstelle entweder die Leistungen oder andere Bezugsgrößen als Maßgrößen der Kostenverursachung definiert werden.[113] Im produzierenden Unternehmen ist die Leistungsdefinition ohne größere Schwierigkeiten durchzuführen, da hier die Leistungen im Gegensatz zum Dienstleistungssektor physisch vorhanden sind. Erschwerend kommt die Vielschichtigkeit der Krankenhausbehandlung hinzu.[114] Eine Lösungsmöglichkeit stellt die Verwendung der GOÄ[115] dar.[116]

Das Vorliegen von differenzierten Informationen über die zu erbringenden bzw. die erbrachten Leistungen ist nach Hentze und Kehres Voraussetzung für die Betriebssteuerung und Wirtschaftlichkeitskontrolle im Rahmen der Kostenträgerrechnung. Folglich ist das Erfassen von Leistungen nicht nur eine wichtige Voraussetzung für die Kostenverteilung und die kostenstellenbezogene Wirtschaftlichkeitskontrolle, sondern auch die Voraussetzung für die Kostenträgerrechnung.[117]

Wenz sieht zudem noch die Schwierigkeit der Innerbetrieblichen Leistungsverrechnung in der Bestimmung des Wertansatzes. Demnach ist die Teilkostenbewertung der Vollkostenbewertung vorzuziehen, da die Vollkostenbewertung zur Fehlsteuerung und Fehlallo-

---

[107] Vgl. Wöhe (2008).
[108] Vgl. Haberstock (2008, S. 124).
[109] Vgl. Conrad (2004, S. 51).
[110] Vgl. Wenz (1992, S. 491).
[111] Vgl. Hummel und Männel (1986, S. 235).
[112] Vgl. Hentze und Kehres (2008, S. 62).
[113] Vgl. Hentze und Kehres (2008, S. 78).
[114] Vgl. Conrad (2004, S. 64).
[115] Vgl. hierzu ausführlicher den Abschn. 3.1.
[116] Vgl. Keun und Prott (2008).
[117] Vgl. Hentze und Kehres (2008, S. 78).

kation führt. Wenz verweist darauf, dass u. a. Schmalenbach sich bereits zu dieser Thematik geäußert hat.[118] Die Verrechnung innerbetrieblicher Leistungen stellt im Krankenhaus zudem besondere Ansprüche an die Bewertung der Leistungen, da Marktpreise oft fehlen.[119] In diesem Kapitel wird auf die Problematik der Bewertung nicht weiter eingegangen, da dieses im Rahmen der Verrechnungspreisbildung im Abschn. 3.3 erfolgt.

---

[118] Vgl. Wenz (1992, S. 490).
[119] Vgl. Conrad (2004, S. 51).

Verrechnungspreisbildung am Beispiel der Radiologie

3

3.1 Prozessorientierte Darstellung der Radiologie

Eine radiologische Abteilung innerhalb eines Krankenhauses arbeitet größtenteils als Dienstleister für die anderen Fachabteilungen der Einrichtung. Im Rahmen der Diagnostik werden zumeist die Leistungen einer Radiologie von anderen medizinischen Bereichen angefordert.[1] Ein typischer Prozess für die Erstellung eines Röntgenbildes ist der Abb. 3.1 zu entnehmen. Durch diese wird die Verknüpfung des Funktionsbereichs mit anderen Fachabteilungen deutlich.[2] Dieser Zusammenhang ist auch die Begründung für die Position der Kostenstelle 920 – Röntgendiagnostik und -therapie im Kostenstellenrahmenplan der KHBV.[3] Die 92er Kostenstellen, Medizinische Institutionen, fungieren hauptsächlich als Vorkostenstellen der Pflegefachbereiche (93–95).[4]

In der Praxis wird der Kostenstellenrahmenplan der KHBV auf Grundlage der individuellen Gegebenheiten eines Krankenhauses weiter differenziert und angepasst.[5] Dieses ist auch im Modellkrankenhaus erfolgt. Die Kostenstelle 920 des Kostenstellenrahmenplans ist in insgesamt fünf Kostenstellen untergliedert. Die Aufteilung, die der Tab. 3.1 zu entnehmen ist, spiegelt zudem das Leistungsspektrum der Radiologie des Modellkrankenhauses wieder.

Die verschiedenen bildgebenden Verfahren der Radiologie ermöglichen die Darstellung von Anomalien im menschlichen Körper. Im Rahmen des konventionellen Röntgens werden mithilfe der Röntgenstrahlung zweidimensionale Bilder erstellt.[6] Durch die Computertomografie oder Magnetresonanztomografie können Schnittbilder erzeugt werden,

---

[1] Vgl. Oestmann (2002, S. 4).
[2] Vgl. Erlemann und Torbecke (2002, S. 240 ff.) sowie Kersting (2008, S. 291).
[3] Vgl. KHBV Anlage 5.
[4] Vgl. Keun und Prott (2008).
[5] Vgl. Zapp (2008b, S. 331).
[6] Vgl. Wetzke (2007, S. 7).

S. Hesse et al., *Innerbetriebliche Leistungsverrechnung im Krankenhaus*,
Controlling im Krankenhaus, DOI 10.1007/978-3-658-04164-9_3,
© Springer Fachmedien Wiesbaden 2013

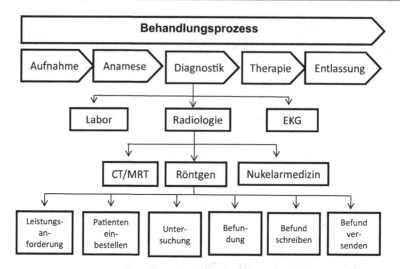

Abb. 3.1 Prozess Röntgen (modifiziert nach Erlemann und Torbecke 2002, S. 240 ff.)

Tab. 3.1 Klassische und differenzierte Gliederung der Kostenstelle (modifiziert nach Zapp 2008b, S. 331)

Klassische Gliederung	Differenzierte Gliederung
920 Röntgendiagnostik und -therapie	920 Röntgendiagnostik und -therapie
	920000 Funktion Radiologie
	920100 Funktion CT
	920300 Funktion Angiografie
	920400 Funktion MRT
	920500 Mammografie

indem nicht der gesamte Körper auf einmal, sondern dieser schrittweise gescannt wird. Anschließend ist u. a. eine dreidimensionale Darstellung möglich.[7] Die Magnetresonanztomografie arbeitet nicht mit der Technik Röntgenstrahlung, sondern mit Magnetfeldern und Radiowellen.[8] Während einer Angiografie wird mithilfe eines Katheters Kontrastmittel in die Gefäße des Patienten gespritzt. Die Verteilung des Kontrastmittels und die Gefäßfüllung wird anhand einer Serie von Röntgenbildern, dem sogenannten Angiogramm, dokumentiert.[9] Im Rahmen der Mammografie wird die weibliche Brust untersucht. Für die Mammografie wird keine harte Strahlung wie beim konventionellen Röntgen eingesetzt, denn durch die verwendete weiche Strahlung ist eine kontrastreichere Aufnahme möglich.[10] Neben der Diagnostik beschäftigt sich die Radiologie des Modellkrankenhau-

---

[7] Vgl. Oestmann. (2002, S. 8).
[8] Vgl. Wetzke (2007, S. 12).
[9] Vgl. Wetzke (2007, S. 9).
[10] Vgl. Oestmann (2002, S. 6 f.).

ses entsprechend auch mit der interventionellen Radiologie. Im Rahmen der interventionellen Radiologie werden mithilfe der beschriebenen, bildgebenden Verfahren Eingriffe vorgenommen. Dazu zählen beispielsweise die Ausschaltung von Aneurysmata oder die Behandlung von Gefäßverengungen oder -verschlüssen im Rahmen der Angiografie. Unter Kontrolle von Computertomografie oder Magnetresonanztomografie werden u. a. Gewebeproben entnommen.

Der Kostenstelle 920000 Funktion Radiologie werden die Kosten und Erlöse des konventionellen Röntgen zugeordnet. Zudem werden auf dieser Kostenstelle die Kosten und Erlöse gebucht, die den nachfolgenden Kostenstellen nicht eindeutig zugerechnet werden können. Dieses entspricht dem Charakter einer Allgemeinen Kostenstelle.[11]

Neben den Kostenstellen der Kostenstellengruppe 92 befinden sich noch weitere Kostenstellen der Kostenstellengruppen 95 – Pflegefachbereiche und 98 – Ausgliederungen im Verantwortungsbereich der Radiologie. Diese werden im Folgenden erläutert.

Die Radiologie ist keine bettenführende Fachabteilung des Modellkrankenhauses. Trotzdem besteht die Kostenstelle 957500 im Kontenplan mit der Bezeichnung Normalstation Radiologie. Auf dieser Kostenstelle werden hauptsächlich die Erlöse des Modellkrankenhauses aus Nutzungsentgelten des Chefarztes aufgrund von selbstliquidierten Wahlleistungen verbucht. Sofern ein stationärer Patient einen wahlärztlichen Vertrag abschließt, bezieht sich dieser immer auf die gesamte Behandlung des Patienten in einem Krankenhaus.[12] Somit ist eine radiologische Leistung bei einem Patienten, der die wahlärztliche Behandlung vereinbart hat, gesondert durch den Chefarzt abrechenbar.

Die 98er-Kostenstellen werden im Kostenstellenrahmenplan der KHBV mit der Überschrift Ausgliederung betitelt.[13] Kosten sind auszugliedern, wenn diese nicht pflegesatzfähig sind. Zu den Ausgliederungstatbeständen zählen beispielsweise die Kosten für ambulante Behandlungen.[14] Die ambulanten Leistungen der Kostenstellen 980170 Ambulanz Radiologie, 982520 Institutsambulanz nach § 115b SGB V, 983000 Medizinische Physik und 983500 Magnetresonanztomografie Dr. Mustermann haben unterschiedliche Hintergründe. § 116 SGB V ermöglicht die Zulassung von Krankenhausärzten zur vertragsärztlichen Versorgung aufgrund einer Ermächtigung.[15] Die ambulanten Untersuchungen der Ambulanz der Radiologie werden im Rahmen dieser Rechtsnorm durchgeführt. Neben dem Chefarzt haben noch zwei weitere Oberärzte eine Ermächtigung für das gesamte Leistungsspektrum der Radiologie. Hierzu kommen zwei weitere Ermächtigungen beschränkt auf die Mammografie, die ebenfalls zwei weitere Oberärzte innehaben. In der Angiografie werden ambulante Operationen im Sinne des § 115b SGB V durchgeführt. Die Erlöse, die mit diesen Behandlungen im Zusammenhang stehen, werden auf der Kostenstelle 982520 gebucht. Das Modellkrankenhaus hat eine Kooperation mit dem radiologischen Vertragsarzt

---

[11] Vgl. Hentze und Kehres (2008, S. 135).
[12] Vgl. § 17 KHEntgG.
[13] Vgl. KHBV Anlage 5.
[14] Vgl. Zapp (2009).
[15] Vgl. § 116 SGB V.

Tab. 3.2 Personalstruktur Radiologie (eigene Darstellung)

Kostenstelle	Ärztliches Personal	Medizintechnisches Personal	Gesamt
920000	5,70 VK	22,32 VK	28,02 VK
920100	3,88 VK	6,05 VK	9,93 VK
920300	2,09 VK	2,21 VK	4,30 VK
920400	0,94 VK	0,43 VK	1,37 VK
980170	0,20 VK	0,95 VK	1,15 VK
983000	0,00 VK	2,34 VK	2,34 VK
983500	0,00 VK	3,50 VK	3,50 VK
Summe	12,81 VK	37,80 VK	50,61 VK

Dr. Mustermann[16], welcher eine Praxis für Kernspintomografie im Krankenhaus betreibt. Es ist vertraglich vereinbart, dass die Räumlichkeiten, das MRT inkl. regelmäßiger Wartungen und Instandhaltung, nichtärztliches Personal, die erforderlichen sonstigen Geräte sowie das Verbrauchsmaterial durch das Krankenhaus zur Verfügung gestellt werden. Im Gegenzug zahlt Dr. Mustermann ein Nutzungsentgelt, welches prozentual von dessen Erlösen berechnet wird, an das Modellkrankenhaus. Herr Dr. Mustermann bringt in die Kooperation zudem das ärztliche Personal mit ein. Zurzeit beläuft sich das ärztliche Personal – inkl. Dr. Mustermann selbst – auf zwei Ärzte (Tab. 3.2).

Die Personalstruktur der Radiologie ist der Tab. 3.2 zu entnehmen. Im ärztlichen Personal sind ein Chefarzt sowie in Vollkräften berechnet 3,91 Oberärzte enthalten. Zum medizintechnischen Personal zählen neben den MTAs auch Schreib- und Sekretariatskräfte sowie Medizinphysiker.

3.2 Leistungsorientierte Darstellung der Radiologie

Wie schon in Abschn. 2.2.4 deutlich wurde, ist die Voraussetzung für eine Kostenverteilung anhand der erbrachten Leistungen, dass für jede leistungsabgebende Kostenstelle entweder die Leistungen oder andere Bezugsgrößen als Maßgrößen der Kostenverursachung definiert werden.[17] Die Autoren Henze und Kehres machen deutlich, dass Leistungen einerseits nach Quantität und andererseits nach Qualität definiert werden können. In der Röntgendiagnostik können als Leistungen Patienten, durchgeführte Untersuchungen sowie die Aufnahmen bzw. Durchleuchtungen definiert werden. Die Radiologie bildet die Leistungen dementsprechend ab. Tabelle 3.3 zeigt einen Ausschnitt aus der Leistungsaufstellung.

---

[16] Dr. Mustermann ist eine fiktive Person.
[17] Vgl. Hentze und Kehres (2008, S. 78).

Tab. 3.3 Leistungsaufstellung der Radiologie[18] (Auszug, eigene Darstellung)

GOÄ-Ziffer	Text	Punkte	Aufnahmen/ Durchleuchtungen	Vorgänge	Patienten
1	Leistung A	400	374	179	174
2	Leistung B	180	3978	1620	1232
3	Leistung C	60	4	4	4
4	Leistung D	220	9675	3731	2699
5	Leistung E	360	20.591	7943	5551
6	Leistung F	160	6214	2529	2059
7	Leistung G	300	98	45	45
8	Leistung H	300	4587	2014	1398
9	Leistung I	400	2026	724	704
10	Leistung J	200	1142	449	427
11	Leistung K	260	1711	636	612

Die Leistungen enthalten sowohl ambulante als auch stationäre Leistungen eines Jahres und werden nach Aufnahmen/Durchleuchtungen, Vorgängen und Patienten dargestellt. Bei der Betrachtung dieser drei Spalten wird deutlich, dass für diesen Zeitraum die Zahl der Aufnahmen größer ist, als die Zahl der Vorgänge sowie die Zahl der Vorgänge größer ist, als die Zahl der Patienten. Erklären lässt sich dies dadurch, dass ein Vorgang eine oder mehrere Aufnahmen umfassen kann. Genau wie zu einem Patient teilweise mehr als ein Vorgang gehört. Verdeutlichen lässt sich dies am Beispiel der Ziffer 9 aus der Leistungsaufstellung der Radiologie. In Zusammenhang mit der genannten GOÄ-Ziffer wurden 704 Patienten und 724 Vorgänge, sowie 2026 Aufnahmen/Durchleuchtungen erfasst. Es gibt Patienten, die die Untersuchung, hier als Vorgang bezeichnet, nur ein einziges Mal im Jahr erhalten haben. Andere Patienten hingegen erhielten eine Untersuchung im Rahmen der gesamten Behandlung mehrmals. Daraus ergibt sich die Differenz aus Patienten und Vorgängen. Angenommen die Leistung I enthält die Anfertigung von Schädel Aufnahmen in zwei Ebenen, sodass diese mindestens zwei Aufnahmen enthält. Daher sind die Aufnahmen/Durchleuchtungen mindestens doppelt so hoch wie die Anzahl der Vorgänge.

Die drei Leistungsdimensionen Patient, Vorgänge und Aufnahmen/Durchleuchtungen bilden die Grundlage für eine möglichst differenzierte Kostenanalyse. Dennoch wird in der Leistungsrechnung aufgrund von Kosten-Nutzen-Überlegungen nur eine Leistungsdefinition verwendet.[19]

Für die Entscheidung, welche der drei Parameter als Leistungsdefinition zu Grunde gelegt wird, ist zu hinterfragen welche Leistungsdefinition welche Kostenart beeinflusst. Der Personalbedarf und somit auch die Personalkosten werden primär durch die Art

---

[18] Anstatt der GOÄ Ziffern werden hier aus Vereinfachungsgründen die Nummern 1–11 verwendet sowie die Bezeichnung Leistung A bis K.
[19] Vgl. Hentze und Kehres (2008, S. 81).

und Anzahl der Vorgänge bestimmt. Ebenso besteht eine Verbindung zwischen Sachkosten wie beispielsweise Kontrastmittel und Katheter und der Anzahl der Vorgänge. Andererseits verhalten sich Sachkosten wie Röntgenfilme proportional zu den Aufnahmen/Durchleuchtungen.[20] Zudem ist anzumerken, dass durchschnittlich die Personalkosten in einem Krankenhaus mit den Sachkosten in einem Verhältnis von 35,8 % zu 64,2 % stehen.[21] Daher kann es als sinnvoll angesehen werden, den Parameter Vorgänge als Leistungsdefinition zu verwenden.[22]

Für die Leistungsbeschreibung von radiologischen Leistungen werden zum größten Teil die Definitionen der GOÄ herangezogen.[23] Die Radiologie des Modellkrankenhauses orientiert sich ebenfalls an dieser Gebührenordnung[24]. Die Vorgänge lt. GOÄ differenzieren gleichartige Vorgänge z. T. zusätzlich nach Anzahl der Aufnahmen/Durchleuchtungen. Daher ist die Leistungsdefinition Vorgänge lt. GOÄ für die Leistungsrechnung des Krankenhauses geeignet.[25]

Die GOÄ kann nicht nur zur Leistungsdefinition sondern auch als Bezugsgröße für die Verrechnung der Leistungen auf die Fachabteilungen hinzugezogen werden.[26] Dabei identifiziert das Krankenhaus seine Einzelleistungen.[27] Die Punkte der GOÄ bzw. die des DKG-NT werden dabei als Bezugsgröße verwendet.[28] Allerdings ist bei einer Kostenverteilung auf der Grundlage der Leistungsdefinition Vorgänge lt. GOÄ zu berücksichtigen, dass mit den Gebühren nicht alle Kosten abgedeckt werden. Es gibt in einigen Fällen die Möglichkeit, die Kosten, wie beispielsweise für Kontrastmittel oder Katheter, zusätzlich als Sprechstundenbedarf[29] abzurechnen.[30] Um diese Kosten mit zu berücksichtigen,[31] sollten sie vor der Kostenverteilung auf Basis der GOÄ den jeweiligen Vorgängen bzw. Patienten zugeordnet werden.[32]

Die Verwendung der Punktwerte aus Gebührenordnungen und Tarifen als Bezugsgrößen ist ein unproblematisches Verfahren. Auch wenn diese Methode innerbetrieblich nur mit Einschränkungen verwendet werden kann, wird sie in vielen Krankenhäusern eingesetzt. Der Nachteil dieser Handhabung liegt darin, dass die extern vorgegebenen Leistungsgewichte und Bewertungen keinen Bezug zur tatsächlichen Kostenstruktur des Krankenhauses haben und somit diese auch nicht realitätsbezogen widerspiegeln.[33]

---

[20] Vgl. Hentze und Kehres (2008, S. 81).
[21] Vgl. Deutsche Krankenhausgesellschaft (2006): o. S. Online im Internet.
[22] Vgl. Hentze und Kehres (2008, S. 81).
[23] Vgl. Keun und Prott (2008).
[24] Wie bereits schon erwähnt wurde die GOÄ hier verfremdet.
[25] Vgl. Hentze und Kehres (2008, S. 81).
[26] Vgl. Schweitzer und Küpper (2008, S. 745) sowie Klockhaus (1997, S. 65).
[27] Vgl. Hildebrand (1988, S. 421).
[28] Vgl. Schweitzer und Küpper (2008, S. 745).
[29] Vgl. Preusker (2008, S. 389).
[30] Vgl. Hentze und Kehres (2008, S. 81).
[31] Entsprechende Informationen wurden in dieser Untersuchung nicht aufbereitet.
[32] Vgl. Hentze und Kehres (2008, S. 81).
[33] Vgl. Hildebrand (1988, S. 421).

Um eine bessere Abbildung der Verhältnisse eines Krankenhauses zu erzielen, können zuverlässige krankenhausspezifische Schlüsselgrößen verwendet werden. Mit den hausinternen Schlüsselgrößen kann eine Leistungsbewertung einzelner Bereiche aufgebaut werden.[34] So führen die Schlüsselgrößen dazu, dass Leistungen, die in Tarif-Gewichten im Vergleich zur Realität zu gering abgebildet werden, der tatsächlichen Kostenstruktur des Bereiches entsprechen. Dieses Verfahren verursacht einen höheren Aufwand, dennoch kann durch Vorliegen von zuverlässigen Ergebnissen der Kostenstellenrechnung und einer Leistungsmengenstatistik eine realitätsnahe Leistungsbewertung erreicht werden.[35]

Die Leistungsstatistik[36] bietet die Möglichkeit, die Leistungen der medizinischen Dienstleister zu erfassen[37] und bildet zudem die Grundlage für die Personalbedarfsrechnung.[38] Diese kann für die einzelnen Leistungsbereiche einer Abteilung in der Regel mit verschiedenen Methoden erfolgen.[39] Eine davon ist die Berechnung auf der Basis von Leistungseinheiten. Diese Methode beschäftigt sich neben der Frage, welche Leistungen zu erbringen sind, auch mit der Frage, wie viel Minuten für die Erbringung der einzelnen Leistungen benötigt werden. Die Methode bietet eine hohe Transparenz und die Möglichkeit zur Berechnung auf Basis des jeweiligen Leistungsspektrums. Dennoch ist zu berücksichtigen, dass die Bezugswertbildung sehr aufwendig und mit einem hohen Ungenauigkeitsrisiko bei komplexen oder seltenen Leistungen versehen ist.[40] Mittels dieser Herangehensweise kann die Leistungsdefinition Vorgänge lt. Zeitwerte eine weitere Möglichkeit für die Verrechnung der Leistungen auf die Fachabteilungen darstellen. Dabei ist die Bezugsgröße hier die benötigte Zeit je Leistungseinheit. Mit dieser kann im Rahmen der Innerbetrieblichen Leistungsverrechnung ein leistungsbezogener Personaleinsatz zugeordnet werden. Somit bietet die Personalbedarfsrechnung die Möglichkeit, die Personalkosten auf die Fachabteilungen entsprechend der Relationen, die sich aus der leistungsorientierten Personalbedarfsrechnung ergeben, zu verteilen.[41] Demzufolge muss zur fachgerechten Zuordnung der Sachkosten auf die Leistungen eine andere Bezugsgröße verwendet werden, da die Personalzeiten nur die Relation zwischen Personalkosten und Leistungen abbildet.

Liegt keine krankenhausspezifische Personalbedarfsermittlung vor, so bietet die DKI GmbH Anhaltszahlen, die anstatt selbstermittelter Minutenwerte verwendet werden können. Die Minutenwerte für die Leistungen sind nach Berufsgruppen differenziert.[42] Die

---

[34] Vgl. Klockhaus (1997, S. 65 f.).
[35] Vgl. Hildebrand (1988, S. 421).
[36] Die Leistungsstatistik unterscheidet sich begrifflich von der Leistungsrechnung dadurch, dass die Leistungsstatistik die Leistungen je leistungserbringender Stelle ausweist und dabei nicht differenziert nach leistungsanfordernden Stellen vorgeht.
[37] Vgl. Hoppe (1999, S. 58).
[38] Vgl. Naegler und Kersting (2008, S. 88) sowie Trill und Tecklenburg (2000, S. 5).
[39] Vgl. Kutscher (2008, S. 329).
[40] Vgl. Kutscher (2008, S. 330).
[41] Vgl. Hentze und Kehres (2008, S. 143 f.).
[42] Plücker (2006, S. 2).

DKI GmbH hat für die Röntgendiagnostik Richtwerte für den Ärztlichen Dienst[43] sowie für den medizinisch-technischen Dienst[44] herausgegeben. Die Leistungen werden nach Art der Leistung und die Minuten je Leistung aufgelistet.[45] Mit diesen Minutenwerten kann anstelle der Minutenwerte aus der krankenhausspezifischen Personalbedarfsermittlung die Verrechnung vorgenommen werden.

Die Radiologie hat als Datengrundlage eine Leistungsstatistik. Diese orientiert sich in der Leistungsbeschreibung an den Definitionen der GOÄ. Ein Auszug aus der Leistungs-statistik der Radiologie ist in Tab. 3.4: Leistungsstatistik (Auszug) zu finden. Das bedeutet, dass die Radiologieleistungen nach den Ziffern der GOÄ identifiziert und die entspre-chende Anzahl ermittelt worden sind. Die Radiologie hat, wie es auch in der Literatur vorgeschlagen wird,[46] eine getrennte Erfassung des stationären und ambulanten Bereichs vorgenommen.

Zur besseren Einordnung, welche Leistungen erbracht wurden, wurde die Leistungs-statistik in die Abschnitte der GOÄ unterteilt. Den GOÄ-Ziffern wurden die Punkte je Leistung zugeordnet. Diese Zuordnung liegt darin begründet, dass die Leistungsanzahl an sich keinen Aussagewert im Hinblick auf die Feststellung der Leistungsfähigkeit hat.[47] Da die Punkte eine Gewichtung der einzelnen Leistungen beinhalten[48], wird die Tatsache berücksichtigt, dass Radiologieleistungen sich in ihren Kosten z. T. deutlich unterschei-den.[49] Durch die Multiplikation der Punkte je Leistung mit der Anzahl der Leistungen bzw. Anzahl der Vorgänge errechnet sich eine Gesamtpunktzahl, die die Gesamtleistung der Radiologie widerspiegelt (Tab. 3.4).[50]

In der Leistungsstatistik der Radiologie sind primär die Leistungen enthalten, die auch in diesem erbracht werden. Somit beinhalten die ambulanten Vorgänge auch die Leistun-gen, die im Rahmen der Kooperation mit Dr. Mustermann erstellt wurden.

Abschließend zur Thematik Leistungen der Radiologie ist die Gesamtleistung, die die Grundlage für die Berechnungen der folgenden Kapitel bildet, noch zu erwähnen. Die Ge-samtleistung gemessen in GOÄ-Punkten beträgt 136.500.000 GOÄ-Punkte. Davon sind 56.800.000 Punkte ambulant und 79.700.000 Punkte stationär.

Neben der Information, welche und wie viele Leistungen erbracht worden sind, ist für die Vervollständigung des Themenkomplexes Leistungen noch interessant, wer die Leis-tungsempfänger sind. Dabei wäre insbesondere zu ermitteln, wer der stationäre Leistungs-empfänger ist und wer die meisten Leistungen abfordert. Leider konnten gesicherte Infor-mationen hierüber nicht zur Verfügung gestellt werden.

---

[43] Plücker (2006, S. 30).
[44] Plücker (2006, S. 62).
[45] Plücker (2006, S. 30 ff.).
[46] Vgl. Keun und Prott (2008).
[47] Vgl. Keun und Prott (2008).
[48] Vgl. Hildebrand (1988, S. 422).
[49] Vgl. Keun und Prott (2008).
[50] Vgl. Keun und Prott (2008).

Tab. 3.4 Leistungsstatistik[51] (Auszug)

GOÄ-Ziffer	Text	GOÄ-Punkte	Vorgänge		Gesamtpunkte	
			Stat.	Amb.	Stat.	Amb.
O. Strahlendiagnostik, Nuklearmedizin, Magnetresonanztomographie und Strahlentherapie						
I. Strahlendiagnostik						
1. Skelett						
9	Leistung I	400	279	445	111.600	178.000
5. Angiografie						
12	Leistung L	1600	19	12	30.400	19.200
7. Computertomografie						
13	Leistung M	1900	660	689	1.254.000	1.309.100
III. Magnetresonanztomografie						
14	Leistung N	4200	741	33	3.112.200	138.600

3.3 Verrechnungspreismethoden

3.3.1 Begriff Verrechnungspreis

In ihren Ausführungen definieren Ewert und Wagenhofer den Verrechnungspreis als Wertansatz „für innerbetrieblich erstellte Leistungen …, die von anderen rechnerisch abgegrenzten Unternehmensbereichen bezogen werden."[52] In der Abb. 2.1 des Abschn. 2.1 wurde der Zusammenhang zwischen innerbetrieblichen Leistungen und dem Verrechnungspreis bereits grafisch dargestellt. Frese macht zudem deutlich, dass der Verrechnungspreis das interne Gegenstück zum Marktpreis ist,[53] was ebenfalls der genannten Abbildung zu entnehmen ist. Zum Begriff des Unternehmens sind neben einzelnen selbstständigen Unternehmen auch verbundende Unternehmen[54] zu zählen, die eine wirtschaftliche Einheit bilden.[55] Auf die Praxisinstitution bezogen, bedeutet dies, dass Verrechnungspreise nicht nur innerhalb des Unternehmens Modellkrankenhaus verwendet werden können, sondern auch im gesamten Unternehmensverbund des Modellkrankenhauses.

Neben der Begrifflichkeit des Verrechnungspreises finden sich in der Literatur noch weitere Bezeichnungen die z. T. synonym verwendet werden. Dazu zählen Verrechnungswerte, Verrechnungssatz, Bereichsabgabepreis, Lenk- oder Lenkungspreis, Knappheitspreis so-

---

[51] Anstatt der GOÄ Ziffern werden hier aus Vereinfachungsgründen die Nummern 9–14 verwendet sowie die Bezeichnung Leistung I, L, M, N.

[52] Ewert und Wagenhofer (2008) ähnlich definieren auch Coenenberg (2009) sowie Friedl (2003, S. 438), Reichertz (1999, S. 28).

[53] Vgl. Frese (2005) aber auch Schmalenbach (1963, S. 197).

[54] Unter verbundenen Unternehmen versteht man Unternehmen, die juristisch selbstständig, aber wirtschaftlich miteinander verbunden sind.

[55] Vgl. Martini (2007, S. 8).

wie Transferpreis.[56] Ewert und Wagenhofer machen hingegen deutlich, dass Lenkpreise eine Sonderform des Verrechnungspreises sind. Demnach ist die Hauptfunktion des Lenkpreises die dezentrale Koordination innerbetrieblicher Leistungen durch die Unternehmensleitung.[57] Transferpreise unterscheiden sich nach Ewert und Wagenhofer von den Verrechnungspreisen dadurch, dass diese für den Gütertransfer zwischen verschiedenen Wertschöpfungsstufen angewendet werden und Verrechnungspreise beim Austausch von Dienstleistungen.[58] In dieser Arbeit werden die genannten Begrifflichkeiten jedoch nicht differenziert, sondern gleichbedeutend verwendet.

Beim Leistungsaustausch zwischen verschiedenen Profit-Centern[59] empfiehlt sich die Bewertung anhand von Verrechnungspreisen.[60] Sofern in einem Unternehmen eine divisionale Organisation[61] vorliegt, können die einzelnen Verantwortungsbereiche als Profit-Center geführt werden.[62] Im Rahmen dieser dezentralen Organisationsform werden der Leitung des Profit-Centers wesentliche Entscheidungs- und Kontrollprozesse übertragen. Dadurch können Bereichsverantwortliche ihrer Gewinnverantwortung gerecht werden.[63] Die Fachabteilungsstruktur in Krankenhäusern entspricht der divisionalen Organisation.[64] Nach Kuntz und Vera wird das Profit-Center-Konzept auch in der Zukunft verstärkt in die Unternehmen des stationären Sektors Einzug erhalten.[65] Allerdings sind bei der Implementierung die besonderen Gegebenheiten eines Krankenhauses zu beachteten.[66] Die Autonomie der Fachabteilungen ist durch die enge Verzahnung mit den zentralisierten Versorgungsbereichen und Medizinischen Institutionen eingeschränkt. Daher plädieren Hoppe et al. für die Bezeichnung ergebnisorientiertes Leistungszentrum an Stelle von Profit-Center.[67]

Eccles führt im Rahmen der Theory for Practice zwei Aspekte auf, die bei der Einführung eines Verrechnungspreissystems Beachtung finden sollten: Zum einen ist dieses der administrative Prozess und des Weiteren die Basis für die Festlegung des Verrechnungspreises.[68] Zur Verwaltung des Verrechnungspreissystems können drei Verfahren unterschieden werden, die das grobe, organisatorische Gerüst vorgeben. Dazu zählen das

---

[56] Vgl. Coenenberg (2009) sowie Martini (2007, S. 7).

[57] Vgl. Ewert und Wagenhofer (2008) aber auch Friedl (2003, S. 438).

[58] Vgl. Ewert und Wagenhofer (2008).

[59] Nach Streim wird unter einem Profit-Center jede organisatorische Teileinheit eines Unternehmens verstanden, für die zum einen ein Gewinn ermittelt werden kann und zum anderen deren Leitung gewinnverantwortlich ist (vgl. Streim 1975, S. 23).

[60] Vgl. Schmalenbach (1963, S. 197) sowie Wöhe (2008), Küpper (2008).

[61] Objektorientierung auf der zweiobersten Hierarchieebene eines Stellengefüges wird als divisionale Organisation bezeichnet (Schreyögg 2008).

[62] Vgl. Wöhe (2008).

[63] Vgl. Streim (1975, S. 23) sowie Wöhe (2008).

[64] Vgl. Hoppe (1999, S. 57).

[65] Vgl. Kuntz und Vera. (2005, S. 595 ff.). oder ebenfalls Scheper (2008, S. 9 ff.).

[66] Vgl. Multerer. (2006, S. 600 ff.).

[67] Vgl. Hoppe (1999, S. 58).

[68] Vgl. Frese (2005).

	Methode	Inhalt
Marktpreisorientierter Ansatz	Marktpreismethode	Herleitung der Verrechnungspreise aus Marktpreisen Herleitung ist nur möglich, - wenn das innerbetrieblich gelieferte Gut auf einem Markt externen Markt gehandelt wird und - interne und externe Güter weitgehend homogen sind
	Verhandlungspreismethode	Unterstellung einer marknahen Situation. Der Verrechnungspreis wird zwischen Nachfrager und Anbieter ausgehandelt. Fixiert wird lediglich ein Verhandlungsrahmen durch die Unternehmungsleitung.
Kostenorientierter Ansatz	Vollkostenmethoden	
	Gesamte Vollkostenmethode	Sämtliche Kosten der Kostenstellen werden verrechnet: - Kosten der Infrastruktur - Fixe und variable Personalkosten - Fixe und variable Sachkosten
	Direkte Vollkostenmethode	- Fixe und variable Personalkosten - Fixe und variable Sachkosten
	Teilkostenmethoden	
	Volle Teilkostenmethode	Sämtliche Teilkosten werden verrechnet: - Variable Personalkosten - Variable Sachkosten
	Einfache Teilkostenmethode	Verrechnet werden nur - Variable Sachkosten
	Grenzkostenmethoden	
	Einfache Grenzkostenmethode	Berücksichtigung von Grenzkosten in den Verrechnungspreisen
	Grenzkosten-Plus-Methode	Verrechnung der Grenzkosten plus proportionalisierte Stückfixkosten und ggf. einem anteiligen Gewinnaufschlag
	Einzelkostenmethode	Verrechnung von Preisen auf der Basis relativer Einzelkosten

Abb. 3.2 Typen der Verrechnungspreisbildung (nach Zapp 2009, S. 93)

Top-Down-Prinzip, das dezentrale Prinzip sowie das Gegenstromverfahren.[69] Im Rahmen des Top-Down-Prinzips werden die Verrechnungspreise durch die Unternehmensleitung vorgegeben. Dadurch werden die Funktionen des Verrechnungspreises berücksichtigt, die vom Management gewünscht werden.[70] Freies Aushandeln als dezentraler Ansatz kann einerseits motivierend wirken, aber auch belastende Konflikte zwischen zwei Einheiten hervorrufen. Zudem können die dezentral vereinbarten Verrechnungspreise aus Gesamt-unternehmenssicht nicht optimal sein.[71] Beim Gegenstromverfahren wird versucht, die Nachteile des dezentralen Ansatzes durch die Beteiligung der Unternehmensleitung an den Gesprächen über die Verrechnungspreise zu verringern.[72]

Eccles unterscheidet für die Basis des Verrechnungspreises den kosten- und den markt-orientierten Ansatz.[73] Dabei handelt es sich um eine typische Aufteilung, die auch von anderen Autoren gewählt wird.[74] Für die weitere Vertiefung dieser beiden Typen wurde eine detaillierte Darstellung von Zapp gewählt, die der Abb. 3.2 zu entnehmen ist. Hin-zu kommt noch der Budgetorientierte Ansatz nach Streim. Es wird aber darauf hinge-wiesen, dass andere Autoren abweichende Strukturierungen vorstellen. Coenenberg zum Beispiel unterscheidet neben den markt- und kostenbasierten Verrechnungspreisen noch die sonstigen Verrechnungspreise. Zu diesen zählt er zum einen die verhandlungsbasierten Verrechnungspreise, die von Zapp den marktorientierten Verrechnungspreisen zugeordnet werden und zudem die Knappheitspreise[75] sowie das Gewinnpooling.[76]

3.3.2 Marktpreisorientierte Ansätze

3.3.2.1 Marktpreismethode

Nach einer Äußerung von Anthony et al. sollte ein Marktpreis verwendet werden, sofern dieser vorliegt.[77] Im Rahmen dieses Abschnitts wird dieser Ausspruch auf die Zweckmä-ßigkeit in Bezug auf den Krankenhaussektor untersucht. Dazu werden Voraussetzungen zur Anwendung des Verrechnungspreises auf Basis der Marktpreismethode von Coenen-berg, Ewert und Wagenhofer und Friedl herangezogen, die in der Tab. 3.5 zusammengefasst

---

[69] Vgl. Wöhe. (2008).

[70] Vgl. Küpper (2008).

[71] Vgl. Küpper (2008).

[72] Vgl. Küpper (2008).

[73] Vgl. Frese (2005).

[74] Vgl. Wöhe (2008) sowie Coenenberg (2009), Hummel und Männel (1986, S. 30), Zapp (2009, S. 93), Reichertz. (1999, S. 28).

[75] „Unter einem Knappheitspreis versteht man einen Verrechnungspreis, der die Opportunitätskos-ten der Entscheidung gerade für dieses Produkt zum Ausdruck bringt." (Coenenberg 2009).

[76] Vgl. Coenenberg. (2009).

[77] Vgl. Ewert und Wagenhofer. (2008).

Tab. 3.5 Kriterien Marktpreismethode[79] (eigene Darstellung, Datenquelle: Coenenberg 2009 sowie Ewert und Wagenhofer 2008; Friedl 2003, S. 445 f.)

Nr.	Kriterium	C.	E./W.	F.
I	Externer Markt für das Zwischenprodukt	X	X	X
II	Einheitlicher Marktpreis für das Zwischenprodukt	X	X	X
III	Unabhängigkeit des Marktpreises von Transaktionen der Unternehmensbereiche	X	X	X
IV	Situationsangepasster Preis (Keine Kampfpreise)	X	X	
V	Lieferender und empfangender Bereich haben Zugang zum Markt	X		X
VI	Unbegrenzte Marktkapazitäten	X		X
VII	Keine Verbundeffekte	X	X	X

sind. Je größer der Erfüllungsgrad der Kriterien, desto höher ist die Eignung eines Marktpreises als Verrechnungspreis.[78]

Das erste Kriterium zur Anwendung der Marktpreismethode beinhaltet, dass ein Markt für die Innenleistungen besteht.[80] Die Radiologie des Modellkrankenhauses fungiert als medizinischer Servicebereich für die Fachabteilungen.[81] Die Radiologie ist daher über die innerbetrieblichen Leistungen an der stationären Patientenversorgung beteiligt.[82] Der Leistungsstatistik ist zu entnehmen, dass zahlreiche Untersuchungen an ambulanten sowie an stationären Patienten durchgeführt werden. Damit ist die Radiologie an dieser Stelle selbst Endkostenstelle, die Leistungen direkt für den Markt erstellt.[83] Es ist allerdings fraglich, ob die stationäre innerbetriebliche Leistung mit der Diagnostik für den ambulanten Markt vergleichbar ist. Der ambulante Patient ist in der Regel gehfähig und kann sich beispielsweise selbstständig auf die Untersuchungsliege begeben. Im Gegensatz dazu ist der stationäre Patient häufig bettlägerig und benötigt Hilfe bei der Umlagerung. Daher ist ein höherer personeller Zeitaufwand bei der stationären Untersuchung notwendig.[84] Aber auch in anderen Branchen werden Marktpreise von externen Leistungen verwendet, die nicht absolut identisch mit der Innenleistung sind.[85] Daher soll der nur näherungsweise existierende Markt für das Zwischenprodukt der Radiologie noch nicht zum Ausschluss der Marktpreismethode führen.

Das Kriterium II beinhaltet den Marktpreis für den Markt des Zwischenproduktes. Daher wird im Folgenden zuerst die Vergütungssituation der ambulanten Leistungen beleuch-

---

[78] Vgl. Ewert und Wagenhofer (2008).

[79] In Bezug auf die Kriterien ist anzumerken, dass die Kriterien II, III und VI auch gemeinschaftlich als vollkommener Markt bezeichnet werden können (vgl. Friedl 2003, S. 446).

[80] Vgl. Coenenberg. (2009) sowie Ewert und Wagenhofer (2008).

[81] Vgl. Multerer (2008, S. 37) sowie Abschn. 3.1.

[82] Vgl. Zapp (2008b, S. 331).

[83] Vgl. Hentze und Kehres (2008, S. 65).

[84] Vgl. Zapp (2009).

[85] Vgl. Ewert und Wagenhofer (2008).

tet, um im Anschluss das Kriterium zu beurteilen. Zur Vergütung der ambulanten Leistungen werden je nach Versicherung des Patienten verschiedene Abrechnungsgrundlagen herangezogen. Für Versicherte der gesetzlichen Krankenkassen gilt der EBM.[86] Dieser wird zwischen der KBV und dem Spitzenverband Bund der Krankenkassen im Bewertungsausschuss vereinbart.[87] Inhalt des EBM sind die abrechnungsfähigen ambulanten Leistungen sowie ihr in Punkten ausgedrücktes wertmäßiges Verhältnis zueinander.[88] Die Punkte wurden bis Ende 2008 mit dem sogenannten floatenden Punktwert bewertet.[89] Zum Jahresbeginn wurde dieser durch den bundeseinheitlichen Orientierungswert, welcher sich auf 3,5001 Cent beläuft, abgelöst. Sofern das Regelleistungsvolumina durch den niedergelassenen Arzt überschritten wird, erfolgt eine Abstaffelung des Orientierungswertes.[90] Die Leistungen an die sogenannten Selbstzahler, zumeist Versicherte in einer privaten Krankenversicherung, werden über die Gebührenordnung für Ärzte (GOÄ) abgerechnet.[91] Die GOÄ wird durch Rechtsverordnung durch die Bundesregierung erlassen.[92] Die aufgeführten Leistungen sind mit einer Punktzahl versehen. Zur Ermittlung des Gebührensatzes wird die Punktzahl mit dem Punktwert multipliziert, der auf 5,82873 Cent festgelegt ist.[93] Der behandelnde Arzt kann für radiologische Leistungen im Rahmen der GOÄ das bis zu zweieinhalbfache[94] des Gebührensatzes abrechnen.[95] Durch die Hebesätze soll eine einzelfallgerechte Leistungsvergütung erreicht werden.[96] Zur Vervollständigung soll an dieser Stelle abschließend der Tarif der Deutschen Krankenhausgesellschaft (DKG-NT) genannt werden.[97] Der DKG-NT wird zum einen zur Abrechnung von Institutsleistungen[98] des Krankenhauses und zudem im Rahmen der Kostenerstattung gegenüber dem Krankenhaus bei der eigenständigen Abrechnung von Krankenhausärzten mit den Kostenträgern

---

[86] Vgl. Haubrock (2009a).

[87] Vgl. § 87 Abs. 1 SGB V.

[88] Vgl. § 87 Abs. 2 SGB V.

[89] Vgl. Simon (2010).

[90] Vgl. Pfundstein (2008, S. 4, Online im Internet).

[91] Vgl. Uleer (2006).

[92] Vgl. § 11 BÄO.

[93] Vgl. § 5 Abs. 1 GOÄ.

[94] Grundsätzlich kann das bis zu 3,5fache des Gebührensatzes abgerechnet werden. Für bestimmte Fachgebiete, zu denen auch die Strahlendiagnostik zählt, ist die Abrechnung jedoch auf das zweieinhalbfache begrenzt (vgl. § 5 Abs 1. u. § 5 Abs. 3 GOÄ). Allerdings ist das Überschreiten des 2,5fachen nur unter den besonderen Umständen des § 5 Abs. 2 GOÄ möglich. Im Rahmen der Strahlendiagnostik beläuft sich dieser Wert auf das 1,8fache.

[95] Vgl. § 5 Abs. 1 u. § 5 Abs. 3 GOÄ.

[96] Vgl. Uleer (2006).

[97] Vgl. Deutsche Krankenhausgesellschaft (2007, S. 1 ff.).

[98] Krankenhäuser dienen in erster Linie der stationären Krankenhausbehandlung. Soweit Krankenhäuser als Institution ambulante Leistungen erbringen, spricht man von Institutsleistungen (Arnold 2008, S. 630).

verwendet. Der DKG-NT ist in zwei Bände geteilt. Band I legt die GOÄ und Band II BMÄ und E-GO[99] zu Grunde.[100]

In der volkswirtschaftlichen Theorie ergibt sich der Marktpreis durch das Zusammentreffen von Angebot und Nachfrage. Im Marktgleichgewicht entsprechen sich die Menge von Angebot und Nachfrage, woraus sich der Marktpreis ableiten lässt.[101] Das Angebot auf dem Markt für ambulante Gesundheitsleistungen wird durch die ambulant tätigen Ärzte zur Verfügung gestellt.[102] Die Nachfrage ergibt sich grundsätzlich aus den Bedürfnissen, die mit Kaufkraft gedeckt sind.[103] Auf dem Markt für ambulante Gesundheitsleistungen ist der Patient der Bedürfnisträger und die gesetzliche oder private Krankenversicherung hat die Kaufkraft inne.[104] Da der EBM im Bewertungsausschuss ausgehandelt wird, kann man sagen, dass Nachfrager und Anbieter[105] aufeinander treffen und sich daraus ein einheitlicher Preis für eine GKV-Leistung ergibt. Wenn ein Preis von Leistungserbringerverbänden auf der einen Seite und Krankenkassenvertretern auf der anderen Seite ausgehandelt wird, handelt es sich allerdings nicht um einen Marktpreis, sondern um einen Verhandlungspreis.[106] Die GOÄ wird durch staatliche Behörden vorgegeben,[107] wodurch ebenfalls keine Marktpreise, sondern administrierte Preise entstehen.[108] Das Kriterium II ist somit nicht erfüllt. Zum einem liegen für eine ähnliche Leistung auf dem ambulanten Gesundheitsmarkt zwei Preise vor und zum anderen sind dieses keine Marktpreise.[109]

Das Kriterium III beinhaltet die vollständige Konkurrenz des Zwischenproduktmarktes. Dieser Zusammenhang sollte gegeben sein, damit die empfangenden oder abgebenden Bereiche durch ihre Transaktionen keinen Einfluss auf den Marktpreis ausüben können.[110] Der vollständigen Konkurrenz liegen bestimmte Aspekte zu Grunde. Zum ersten müssen viele Anbieter sowie viele Nachfrager am Marktgeschehen teilnehmen. In Deutschland gibt es rd. 6400 Ärzte mit Facharztausbildung Radiologie/Diagnostische Radiologie. Da-

---

[99] Der BMÄ (Bewertungsmaßstab – Ärzte) ist eine Abrechnungsbestimmung zum EBM. Sie wird bei der Abrechnung mit den Krankenkassen verwendet. Die E-GO (Ersatzkassen-Gebührenordnung) ist die zweite Abrechnungsbestimmung zum EBM. Sie wird bei der Abrechnung mit den Ersatzkassen verwendet (vgl. Haubrock 2009a).

[100] Deutsche Krankenhausgesellschaft (2007, S. III ff.).

[101] Vgl. Mankiw und Taylor (2008, S. 88).

[102] Vgl. § 95 Abs. 1 SGB V.

[103] Vgl. Mankiw und Taylor (2008, S. 88).

[104] Vgl. Haubrock (2009b).

[105] Auf Gesundheitsmärkten findet das Zusammentreffen von Angebot und Nachfrage nicht in Form von countervailing power statt, sondern durch das Zusammentreffen von Anbieterverbänden und Nachfragerorganisationen (vgl. Schulenburg und Greiner 2007, S. 180).

[106] Vgl. Schulenburg und Greiner (2007, S. 181).

[107] Vgl. § 11 BÄO.

[108] Vgl. Schulenburg und Greiner (2007, S. 181).

[109] Die folgenden Kriterien bilden z. T. Marktpreise die Grundlage. Da auf dem ambulanten Gesundheitsmarkt allerdings keine Marktpreise vorliegen, werden für die weitere Betrachtung die verhandelten bzw. administrierten Preise zu Grunde gelegt.

[110] Vgl. Ewert und Wagenhofer (2008) sowie Coenenberg (2009).

von sind rd. 2500 als niedergelassene Ärzte im ambulanten Sektor tätig.[111] Dem stehen rd. 82 Mio. Bundesbürger[112] als potenzielle Patienten und somit als Nachfrager gegenüber. 90 % der Bevölkerung in Deutschland sind über die gesetzliche Krankenversicherung abgesichert.[113] Durch die Beschreibung ist deutlich geworden, dass auf beiden Seiten viele Marktteilnehmer vorhanden sind, sodass die erste Annahme erfüllt ist.[114] Der zweite Aspekt ist, dass die Homogenität in verschieden Zusammenhängen erfüllt sein muss. Insbesondere ist damit die Gleichheit der Güter angesprochen.[115] Die Homogenität wird im Zusammenhang mit Informationen betrachtet, da dieses eine besondere Problematik im Gesundheitswesen darstellt.[116] Den Patienten des ambulanten Gesundheitsmarktes ist es meist nicht möglich zu beurteilen, welches Gut für sie am sinnvollsten ist. Die Kompetenz für diese Entscheidung liegt bei den Medizinern.[117] Asymmetrische Informationen sind zudem auch bei den Beziehungen zwischen Krankenversicherer und Arzt sowie zwischen Krankenversicherer und Versicherten vorhanden.[118] Das Vorliegen asymmetrischer Informationen kann zu Marktversagen[119] führen und rechtfertigt daher staatliche Interventionen,[120] wie sie auf dem ambulanten Gesundheitsmarkt vorliegen. Grundsätzlich kann jeder Arzt nach dem Grundsatz der freien Berufswahl eine Praxis eröffnen.[121] Um Versicherte der gesetzlichen Krankenversicherung behandeln zu können, muss ein Niedergelassener aber als Vertragsarzt zugelassen sein. In Deutschland sind rd. 87 %[122] der ambulant tätigen Ärzte als Vertragsärzte tätig.[123] Eine Zulassung kann nur erfolgen, wenn in dem gewünschten Gebiet noch keine Niederlassungsbeschränkung aufgrund von Überversorgung im Rahmen der Bedarfsplanung festgestellt wurde.[124] Die dritte Annahme in Bezug auf die vollständige Konkurrenz wird nicht immer explizit erwähnt, weil sie meist als selbstverständlich angesehen wird. Sie beinhaltet, dass für Marktteilnehmer keine Beschränkungen bestehen dürfen, um in den Markt einzutreten.[125] Durch die beschriebenen Zulassungsbeschränkungen ist dieser Aspekt ebenfalls nicht erfüllt. Somit ist eindeutig,

---

[111] Vgl. Curagita AG (2009, o. S. Online im Internet).

[112] Vgl. Statistisches Bundesamt (2009, o. S. Online im Internet).

[113] Vgl. Simon (2010).

[114] Aufgrund der geringen Facharztdichte in manchen Regionen kann es allerdings zu monopolartigen Stellungen des Arztes kommen.

[115] Vgl. Mankiw und Taylor (2008, S. 322).

[116] Vgl. Oberender (2006, S. 25).

[117] Vgl. Berger und Stock (2008, S. 20 f.).

[118] Vgl. Schulenburg und Greiner (2007, S. 181).

[119] Marktversagen aufgrund von asymmetrischen Informationen sind nicht der alleinige Grund für die staatlichen Eingriffe in den Gesundheitsmarkt. Ausführlicher dazu äußern sich u. a. Berger und Stock (2008, S. 19) sowie Schulenburg und Greiner (2007, S. 110 f.), Oberender (2006, S. 24 ff.).

[120] Vgl. Pindyck und Rubinfeld (2005, S. 803).

[121] Vgl. Simon (2010).

[122] Die übrigen Prozente verteilen sich wie folgt: 5 % Privatärzte und 8 % angestellte Ärzte.

[123] Vgl. Kassenärztliche Bundesvereinigung (2008, S. 9, Online im Internet).

[124] Vgl. Simon (2010).

[125] Vgl. Mankiw und Taylor (2008, S. 322).

dass das Kriterium III zur Anwendung von marktpreisorientierten Verrechnungspreisen nicht zu bejahen ist. Dieses ist allerdings auch in vielen anderen Märkten ebenfalls eher die Regel als die Ausnahme.[126]

Sofern ein Marktpreis als Verrechnungspreis gewählt wird, sollte dabei beachtet werden, dass die zeitmäßige Beständigkeit der Preise gegeben ist.[127] Kurzfristige Kampfpreise sind für die Verrechnungspreisbildung ungeeignet. Kampfpreise werden von Konkurrenten in Angeboten abgegeben, um einen potenziellen Kunden zu gewinnen.[128] Auf einem Markt mit vollkommener Konkurrenz hat der einzelne Anbieter geringe Einflussmöglichkeiten auf den Preis, er kann theoretisch jedoch sein Produkt über bzw. unter dem Marktpreis anbieten.[129] Die Erläuterungen zur Preisgestaltung auf dem ambulanten Sektor haben im Gegensatz dazu deutlich gemacht, dass der einzelne Leistungserbringer des ambulanten Sektors keinen Einfluss auf die Preisgestaltung hat, da es sich um verhandelte oder administrierte Preise handelt. Zudem dürfte es unrealistisch sein, dass eine Gemeinschaft- oder Einzelpraxis für Radiologie in den eigenen Räumlichkeiten die Leistungserbringung für einen Maximalversorger übernimmt. Allerdings ist anzumerken, dass in Deutschland rd. 120 Kooperationen zwischen Krankenhäusern und ambulant tätigen Radiologen bestehen. Die radiologische Leistung wird in diesen Fällen zumeist in den Räumlichkeiten des Krankenhauses erbracht.[130] Die Preisgestaltungen, die diesen Kooperationen zu Grunde liegen, könnten zur Verrechnungspreisbildung herangezogen werden. Diese Ausführungen machen deutlich, dass die Thematik des Kampfpreises eine untergeordnete Bedeutung hat, da es bereits mit Schwierigkeiten behaftet ist, einen Konkurrenten zu finden, der ein Angebot abgeben kann. Marktschwankungen, das heißt eine periodische Veränderung des Marktpreises, sollten im Rahmen der Verrechnungspreisbildung auf Marktpreisbasis jedoch Berücksichtigung finden.[131] Die letzte Änderung der GOÄ durch die Bundesregierung erfolgte im Jahre 2001.[132] Somit ist die Aktualisierung des Verrechnungspreises aus wirtschaftlichen Gesichtspunkten keine Problematik.[133] Daher kommt dem Kriterium IV im Rahmen dieser Betrachtung eine mindere Bedeutung zu.

Sofern die liefernde und die empfangende Einheit Zugang zum Markt haben, hat eine Entscheidung bezüglich der internen bzw. externen Lieferung und ebenfalls des internen bzw. externen Bezugs des Zwischenprodukts keine Auswirkung auf den Gesamterfolg des Unternehmens.[134] Dieses liegt darin begründet, dass interne Liefer- und externe Marktbeziehungen in beiden Einheiten zu Erfolgen in gleicher Höhe führen.[135] Durch die er-

---

[126] Vgl. Ewert und Wagenhofer (2008).

[127] Vgl. Ewert und Wagenhofer (2008).

[128] Vgl. Ewert und Wagenhofer (2008).

[129] Vgl. Mankiw und Taylor (2008, S. 74).

[130] Vgl. Curagita AG (2009, o. S. Online im Internet).

[131] Vgl. Coenenberg (2009).

[132] Vgl. GOÄ.

[133] Vertiefend vgl. Coenenberg (2009).

[134] Vgl. Coenenberg (2009).

[135] Vgl. Friedl (2003, S. 448).

mächtigten Ärzte der Radiologie, hat die Radiologie des Modellkrankenhauses die Möglichkeit seine Leistungen auf dem ambulanten Gesundheitsmarkt anzubieten. Aufgrund der engen Leistungsverflechtung in Krankenhäusern,[136] wird es allerdings als unrealistisch eingeschätzt, dass den Fachabteilungen die Entscheidungsfreiheit gegeben wird, ihre radiologischen Leistungen von außerhalb des Krankenhauses zu beziehen.[137] Damit ergibt sich die Situation, dass die liefernde Abteilung einen Marktzugang hat, die empfangende Abteilung aber nicht. Um bei dieser Konstruktion aus betriebswirtschaftlicher Sicht ein Gesamtoptimum zu erzielen, muss der Marktpreis über den variablen Kosten der Radiologie liegen. Liegt der Marktpreis zudem unter den Erlösen für das Endprodukt abzüglich der variablen Kosten des abnehmenden Bereichs, erhöht eine Produktion des Endprodukts den Gesamterfolg des Unternehmens.[138] Der administrierte Preis für einen GOÄ-Punkt liegt mit 5,82873 Cent über den variablen Kosten.[139] Aus theoretischer Sicht kann man schlussfolgern, dass die Fachabteilung das Endprodukt erstellt, wenn deren Erlös abzüglich der variabler Kosten über 5,82873 Cent je GOÄ-Punkt liegt. Wenn dieses nicht der Fall ist, würde eine Produktion nicht stattfinden. In der Praxis ist dieses allerdings unrealistisch, da das Modellkrankenhaus einen Versorgungsauftrag[140] hat und zudem eine ethische Verpflichtung gegenüber den Patienten. Abschließend zur Betrachtung des Marktzugangs ist anzumerken, dass das Kriterium V nicht erfüllt ist.

Das VI. Kriterium beinhaltet die unbegrenzte Bereitstellungs- und Aufnahmekapazitäten des Marktes für den liefernde sowie für die empfangende Einheit.[141] Ein Gesamtoptimum kann aber nur erfüllt werden, wenn neben diesem Kriterium auch die bereits vorgenannten erfüllt sind.[142] Die Fachabteilungen haben entsprechend der vorherigen Erläuterungen keinen Marktzugang. Somit hat die zur Verfügung stehende Bereitstellungskapazität des Marktes keine Relevanz. Die Aufnahmekapazität lässt sich als die theoretisch mögliche Nachfrage nach einer Dienstleistung oder kurz mit dem subjektiven Bedarf[143] definieren.[144] In der volkswirtschaftlichen Theorie ist der subjektive Bedarf unbegrenzt.[145] Im Kontext des Gesundheitswesens ist dieses allerdings kritisch zu hinterfragen. Denn es stellt sich die Frage, welcher potenzielle Patient gerne Krankenbehandlungen, die möglicherweise gefährlich oder unangenehm sind, über sich ergehen lässt.[146] Im Rahmen von

---

[136] Vgl. Hoppe (1999, S. 58).

[137] Über den genauen Entscheidungskompetenzen im Modellkrankenhaus liegen keine Informationen vor.

[138] Vgl. Coenenberg (2009).

[139] Zur Berechnung der variablen Kosten je GOÄ-Punkt siehe Abschn. 3.3.3.

[140] Ein zugelassenes Krankenhaus ist im Rahmen seines Versorgungsauftrags zur Krankenhausbehandlung der Versicherten verpflichtet (vgl. § 109 SGB V Abs. 4).

[141] Vgl. Friedl (2003, S. 446).

[142] Vgl. Coenenberg (2009).

[143] Der subjektive Bedarf wird auch als Bedürfnisse bezeichnet (vgl. Berger und Stock 2008, S. 20).

[144] Vgl. Aumayr (2009).

[145] Vgl. Edling (2008).

[146] Vgl. Görny (2007, o. S. Online im Internet).

Tab. 3.6 Verbundeffekte (nach Friedl 2003, S. 451)

Marktpreis
– externe Absatznebenkosten (Verbundvorteil)
+ interne Absatznebenkosten (Verbundnachteil)
– interne Beschaffungsnebenkosten (Verbundvorteil)
+ externe Beschaffungsnebenkosten (Verbundnachteil)
= korrigierter Marktpreis

radiologischer Diagnostik sind beispielhaft mögliche Spätfolgen aufgrund der Strahlenwirkung zu nennen.[147] Somit ist das Kriterium VI nicht erfüllt.

Als letztes und VII. Kriterium sind die Verbundeffekte zu nennen. Sofern Verbundeffekte vorliegen, müssen diese bei der Verrechnungspreisbildung berücksichtigt werden.[148] Nicht beachtete Verbundvorteile führen zu einer Einschränkung der Koordinations- bzw. Lenkungsfunktion[149] des Verrechnungspreises. Beim Vorliegen von monetären Verbundvorteilen kann der Marktpreis entsprechend der Auflistung der Tab. 3.6 korrigiert werden.[150] Durch die Aufteilung des Synergieeffektes zwischen den beteiligten Abteilungen entsteht auf beiden Seiten ein finanzieller Vorteil bei Entscheidung für die interne Lösung.[151] Zu beachten ist aber, dass nicht monetäre Verbundvorteile nicht korrigiert werden können. In diesem Kontext sind beispielhaft eine mindere Qualität oder der Geheimnisverlust zu nennen.[152]

Zusammenfassend lässt sich feststellen, dass die Verwendung von Marktpreisen grundsätzlich für den Krankenhaussektor eine einfache Methode ist.[153] Es ist aber fraglich, ob es sinnvoll ist, einen Verhandlungs- oder administrierten Preis, wie er für den ambulanten Gesundheitsmarkt vorliegt, der im engen Sinne gar kein Markpreis ist, als solchen zu verwenden. Eine Näherungslösung kann daher hierfür eine Lösung sein.[154] Ob es sich dabei allerdings um eine ökonomisch zweckmäßige handelt, wird im Abschn. 3.4 diskutiert. In der Erörterung wird zu berücksichtigen sein, dass keines der Kriterien absolut erfüllt ist, wie der Tab. 3.7 zu entnehmen ist.

Abschließend zum Themenkomplex Marktpreismethode ist der Abb. 3.3 die beispielhafte Bewertung der radiologischen Leistungen mit Marktpreisen und somit die Verrechnungspreisbildung zu entnehmen. Neben der dargestellten Rechenmethode mit dem Wert von 5,82873 besteht die Möglichkeit, den genannten Wert mit einem Hebesatz zu versehen und damit zu erhöhen.

---

[147] Vgl. Wetzke (2007, S. 4 f.).
[148] Vgl. Coenenberg (2009).
[149] Vgl. zu den Funktionen des Verrechnungspreises Abschn. 3.3.1.
[150] Vgl. Friedl (2003, S. 451).
[151] Vgl. Ewert und Wagenhofer (2008).
[152] Vgl. Coenenberg (2009).
[153] Vgl. Bölke und Schmidt-Rettig (1988, S. 465).
[154] Vgl. Ewert und Wagenhofer (2008).

Tab. 3.7 Kriterien Marktpreismethode mit Erfüllungsgrad (eigene Darstellung, Datenquelle: Coenenberg 2009 sowie Ewert und Wagenhofer 2008; Friedl 2003, S. 445 f.)

Nr.	Kriterium	Erfüllungsgrad
I	Externer Markt für das Zwischenprodukt	eher positiv
II	Einheitlicher Marktpreis für das Zwischenprodukt	eher negativ
III	Unabhängigkeit des Marktpreises von Transaktionen der Unternehmensbereiche	negativ
IV	Situationsangepasster Preis (keine Kampfpreise)	neutral
V	Lieferender und empfangender Bereich haben Zugang zum Markt	negativ
VI	Unbegrenzte Marktkapazitäten	negativ
VII	Keine Verbundeffekte	neutral

Gesamtleistung: 136.500.000 in GOÄ-Punkten

siehe hierzu oben Seite 22

Punktwert: **5,829** Cent/Punkt

Leistung	GOÄ-Punkte	Punkt-wert	Verrech-nungspreis (GOÄ*PW)	Leistungs-menge	Gesamt je Leistung (VP*LM)
9 Strahlendiagnostik	400	5,829	23,31 €	724	16.876,44 €
12 Angiografie	1600	5,829	93,26 €	31	2.891,06 €
13 CT	1900	5,829	110,75 €	1349	149.401,75 €
14 MRT (Ambulant)	4200	5,829	244,81 €	774	189.482,94 €

Abb. 3.3 Rechenmethode der Marktpreismethode (eigene Darstellung), Rundungsdifferenzen ergeben sich durch einen gerundeten Punktwert

3.3.2.2 Verhandlungspreismethode

Bei der Verhandlungspreismethode wird der Verrechnungspreis zwischen der anbietenden und abnehmenden Abteilung ausgehandelt.[155] Zur Prüfung der Anwendbarkeit von Verhandlungspreisen werden auch Kriterien herangezogen, die aus den Ausführungen der Autoren Coenenberg, Ewert und Wagenhöfer und Friedl in Tab. 3.8 zusammengestellt sind.

Die Kriterien I und II wurden bereits im vorherigen Abschnitt diskutiert. Der Preis für das Zwischenprodukt wird bei den Verhandlungen zum Verrechnungspreis als Ori-

---

[155] Vgl. Zapp (2009, S. 93).

Tab. 3.8 Kriterien Verhandlungspreismethode (eigene Darstellung, Datenquelle: Coenenberg 2009; sowie Ewert und Wagenhofer 2008; Friedl 2003, S. 495 ff.)

Nr.	Kriterium	C.	E./W.	F.
I	Externer Markt für das Zwischenprodukt	X		X
II	Lieferender und empfangender Bereich haben Zugang zum Markt	X	X	X
III	Verhandlungspartner liegen alle Informationen über den Markt des Zwischenproduktes vor	X		X
IV	Einrichtung einer Konfliktstelle	X		X

entierungswert herangezogen.[156] Zudem müssen beide Divisionen einen freien Zugang zum Markt haben, da zwischen den Bereichen sonst keine effektvolle Verhandlung stattfinden kann.[157] Die Fachabteilungen haben aufgrund des fehlenden Marktzugangs nicht die Möglichkeit sich aus den Verhandlungen zurückzuziehen. Um radiologische Diagnostik in ihre Behandlung einfließen zu lassen, müssen die Fachabteilungen die innerbetrieblichen Leistungen in Anspruch nehmen. Daher besteht ein Abhängigkeitsverhältnis. Das Ergebnis der Verhandlungen wäre eine wahllose Aufteilung des Unternehmensgewinns.[158] Aufgrund dieser Tatsache wird die Verhandlungspreismethode im Rahmen dieser Ausarbeitung nicht tief gehend betrachtet. Abschließend soll jedoch angemerkt werden, dass meist die Koordinations- sowie die Erfolgszuweisungsfunktion nicht durch Verhandlungspreise erfüllt werden.[159]

3.3.3 Kostenorientierte Ansätze

3.3.3.1 Vollkostenmethoden

Zu der Basis der kostenorientierten Ansätze gehören die Systeme der Vollkosten- und Teilkostenrechnung. Im Folgenden werden diese dargestellt und erläutert. In der Kostenrechnung werden verschiedene Systeme verwendet. Als Kriterien zur Differenzierung der Systeme sind der Zeitbezug sowie Umfang und Art der Verrechnung zu nennen.[160] Hintergrund dafür ist die Tatsache, dass mit den verschiedenen Systemen voneinander abweichende Zwecke verfolgt werden.[161] Die Aufspaltung nach Voll- und Teilkosten entspricht dem Merkmal Umfang sowie Art der Verrechnung. Nach Schweitzer und Küpper hat der Ver-

---

[156] Vgl. Friedl, B. (2003, S. 496).
[157] Vgl. Ewert und Wagenhofer (2008).
[158] Vgl. Ewert und Wagenhofer (2008).
[159] Vgl. Coenenberg (2009).
[160] Vgl. Coenenberg (2009) sowie Schweitzer und Küpper (2008, S. 63), Hummel und Männel (1986, S. 42 f.).
[161] Vgl. Schweitzer und Küpper (2008, S. 61).

rechnungsumfang hinsichtlich der Bereitstellung und des Nutzens von Informationen, die die Grundlage für Entscheidungen darstellen, einen hohen Stellenwert.[162]

In einer Vollkostenrechnung werden alle angefallenen Kosten erfasst und auf die Kostenträger verrechnet.[163] Dabei ist die Weiterdifferenzierung der Kosten unerheblich.[164] Die Verteilung der Kosten innerhalb der Vollkostenrechnung können sich insbesondere an dem Kostentragfähigkeitsprinzip[165] oder dem Prinzip der Kostenverursachung[166] orientieren. Hierbei ist zu erwähnen, dass auch wenn das Prinzip der Kostenverursachung verletzt wird, eine lückenlose Verteilung aller Kosten auf die Produkte Vorrang vor dem Prinzip der Kostenverursachung hat. Im Vordergrund der Vollkostenrechnung steht die Unterscheidung nach Einzel- und Gemeinkosten.[167] Einzelkosten lassen sich dem Kostenträger direkt zurechnen, während die Gemeinkosten über die Kostenstellenrechnung zugeordnet werden.[168] Jedoch findet innerhalb der Kostenstellenrechnung nochmals die Weiterverrechnung der Kostenarten entweder direkt als Einzelkosten oder indirekt als Gemeinkosten statt. Aufgrund der komplexen Weiterwälzung der Kosten von der Kostenartenrechnung über die Kostenstellenrechnung bis zur Kostenträgerrechnung wird die Vollkostenrechnung auch als Kostenüberwälzungsrechnung bezeichnet.[169]

Anhand der Darstellung der Vollkostenrechnung wird deutlich, dass die Vollkostenrechnung hinsichtlich ihrer Aufgaben und Funktion besonders die Verrechnungsfunktion verfolgt. Das bedeutet, dass hauptsächlich mit der Vollkostenrechnung der rechnerische Prozess der Kostenentstehung und -überwälzung verfolgt wird.[170]

Die Voraussetzung zur Ermittlung von kostenorientierten Verrechnungspreisen ist, dass die Daten in Form der Rechengröße Kosten vorliegen. Vom Modellkrankenhaus liegen die Daten des externen Rechnungswesens und somit die Aufwendungen der Radiologie vor. Aus diesen sind die neutralen Aufwendungen heraus zu rechnen, um die Kosten zu erhalten.[171] Daher wurden die der Tab. 3.9 zu entnehmenden Aufwendungen abgegrenzt. Die neutralen Aufwendungen werden in betriebsfremde, außerordentliche sowie perioden-

---

[162] Vgl. Schweitzer und Küpper (2008, S. 60 ff.).
[163] Vgl. Wöhe (2008) sowie Kloock (2005, S. 74).
[164] Vgl. Coenenberg (2009).
[165] Das Kostentragfähigkeitsprinzip sagt aus, wie stark Produkte aufgrund der Marktsituation mit Kosten belastet werden können.
[166] Das Prinzip der Kostenverursachung belastet Produkte nur mit den Kosten, die sie verursacht haben.
[167] Vgl. Schierenbeck (2008).
[168] Vgl. Schweitzer und Küpper (2008, S. 63) sowie Schierenbeck (2008).
[169] Vgl. Hummel und Männel (1983, S. 19).
[170] Vgl. Schierenbeck (2008).
[171] Vgl. Haberstock (2008, S. 24).

Tab. 3.9 Neutrale Aufwendungen (eigene Darstellung)

Konten-nummer	Kontenbezeichnung	Kostenstelle	Neutraler Aufwand	Gesamt Jahr
7590000	Zuführung zu Verbindlichkeiten[a]	920000	Betriebsfremd	185,00 €
7931000	Periodenfremder Aufwand	920500	Periodenfremd	498,00 €
7931000	Periodenfremder Aufwand	980170	Periodenfremd	66.362,00 €
7911000	Aufwendungen aus dem Abgang von Vermögensgegenständen	920400	Außerordentlich	920,00 €

[a] Das Konto 7590000 wird im Zusammenhang mit Spenden angesprochen.

fremde Aufwendungen weiter untergliedert.[172] Somit liegen die Kostenstelleneinzelkosten auf Ist-Kostenbasis zu Grunde. Die Ist-Kosten[173] beziehen sich auf ein Jahr.

3.3.3.1.1 Gesamte Vollkostenmethode

Im weiteren Verlauf wird zur Verrechnungspreisbildung die differenzierte Kostenstellenstruktur des Instituts nicht verwendet. Das bedeutet, dass hier nicht nach den verschiedenen Kostenstellen unterschieden wird, sondern die Kosten der Radiologie in ihrer Gesamtheit betrachtet werden.[174] Dies wird durchgeführt, da die Kostenstelle konventionelles Röntgen auch als Allgemeine Kostenstelle fungiert. Würde eine Aufteilung nach Kostenstellen erfolgen, würden die Leistungen des konventionellen Röntgens den gesamten Allgemeinen Kosten zugerechnet werden und damit der Punktwert der Leistungen zu hoch angesetzt. Folglich würde der Punktwert der verbleibenden Kostenstellen zu niedrig berechnet, da diesen keine Kosten einer eigentlich Allgemeinen Kostenstelle zufließen. Zudem werden die Leistungen des Instituts nicht kostenstellenbezogen erfasst, sodass nur aufgrund von Annahmen eine Zuteilung erfolgen könnte.

Nach Zapp werden bei der Gesamten Vollkostenmethode die Sachkosten, die Personalkosten sowie die Infrastrukturkosten verrechnet. Es werden die fixen sowie die variablen Bestandteile[175] der genannten Kostenarten verwendet.[176] Diese Differenzierung nach Art der Kostenartenhauptgruppen bildet die Grundlage für die Kostenerfassung.[177] Hentze und Kehres definieren Personalkosten als Kosten, die indirekt oder direkt durch den Per-

---

[172] Vgl. Hummel und Männel (1986, S. 70) sowie Däumler und Grabe (2008), Haberstock (2008, S. 20).

[173] Die Ist-Kostenrechnung ist ein System der Kostenrechnung. Hierbei wird nach dem Kriterium Zeitumfang unterschieden. Neben der Ist-Kostenrechnung zählen noch die Normal- und Plankostenrechnung zu den Systemen der Kostenrechnung differenziert nach dem Kriterium des Zeitbezugs (vgl. Coenenberg 2009).

[174] Zur Kostenstellenstruktur der Radiologie siehe Abschn. 3.1.

[175] Auf die Unterscheidung fixe und variable Kosten wird im Abschn. 3.3.3.2 eingegangen.

[176] Vgl. Zapp (2009, S. 93).

[177] Vgl. Coenenberg (2009).

Tab. 3.10 Personalkostenarten (eigene Darstellung, Datenquelle: KHBV Anlage 4)

Kontengruppe	Kontenbezeichnung
60	Löhne und Gehälter
61	Gesetzliche Sozialabgaben
62	Aufwendungen für Altersversorgung
63	Aufwendungen für Beihilfen und Unterstützungen
64	Sonstige Personalaufwendungen

sonaleinsatz entstehen.[178] Zu den Personalkosten gehören demnach die Löhne, Gehälter, Kosten für Sozialleistungen und sonstige personalbedingte Kosten.[179] Im Krankenhaus wird lt. Kontenrahmen der KHBV (Anlage 4) zwischen folgenden Personalkostenarten unterschieden (Tab. 3.10).[180]

Der Kontengruppe 60 werden alle Leistungsentgelte zugeordnet. Dazu gehören auch Vergütungen für Überstunden, Bereitschaftsdienst, Rufbereitschaft, Zeitzuschläge[181], Sachbezüge für freie Unterkunft und Verpflegung sowie Gestellungsgelder[182]. Die gesetzlichen Sozialabgaben umfassen die Arbeitgeberbeiträge zur Sozialversicherung. Aufwendungen für Altersversorgung enthalten Beiträge zu Ruhegehalts- und Zusatzversorgungskassen sowie anderen Versorgungseinrichtungen.[183] Zu der Kontengruppe 63 gehören Beihilfen und Unterstützungen für Mitarbeiter und Hinterbliebene.[184] Die Kontengruppe 64 Sonstige Personalaufwendungen umfasst u. a. Erstattungen von Fahrkosten zum Arbeitsplatz und freiwillige soziale Leistungen an Mitarbeiter.[185] Die in der Literatur angegebenen Kontengruppen wurden auch in der Radiologie des Modellkrankenhauses verwendet. Die gesamten Personalkosten, die sich aus den genannten Kostenarten ergeben, belaufen sich auf 2.960.000 €.

Hentze und Kehres ordnen die der Tab. 3.11 zu entnehmenden Kostenartengruppen der KHBV den Sachkosten zu.[186] In dieser Ausarbeitung erfolgt eine getrennte Betrachtung von Sachkosten und Infrastrukturkosten. Für die Zuordnung der Kontengruppen nach Sachkosten und Infrastrukturkosten wurde zunächst der Begriff Infrastruktur defi-

---

[178] Vgl. Hentze und Kehres (2008, S. 49).

[179] Vgl. Schierenbeck (2008) sowie Coenenberg (2009).

[180] Vgl. Hentze und Kehres (2008, S. 49) sowie Keun und Prott (2008).

[181] Zeitzuschläge sind tarifrechtliche Bestimmungen, die die Arbeitszeit an Sonn- und Feiertagen, sowie Nachtarbeit betrifft.

[182] Gestellungsgelder sind Vergütungen für Angehörige von Ordensgemeinschaften, die im Krankenhaus beschäftigt sind. Die Gelder werden an den Träger des Ordnens übergeben.

[183] Vgl. Hentze und Kehres (2008, S. 49) sowie Keun und Prott (2008).

[184] Vgl. Hentze und Kehres (2008, S. 51).

[185] Vgl. Hentze und Kehres (2008, S. 51) sowie Keun und Prott (2008).

[186] Vgl. Hentze und Kehres (2008, S. 45 ff.) sowie Keun und Prott (2008).

Tab. 3.11 Sachkostenarten nach KHBV[187] (modifiziert nach Hentze und Kehres 2008, S. 54)

Kontengruppe	Kontenbezeichnung
65	Lebensmittel und bezogene Leistungen
66	Medizinischer Bedarf
67	Wasser, Energie, Brennstoffe
68	Wirtschaftsbedarf
69	Verwaltungsbedarf
71	Wiederbeschaffte Gebrauchsgüter
72	Instandhaltung
73	Steuern, Abgaben, Versicherungen
74	Zinsen und ähnliche Aufwendungen
Sonstige:	
76	Abschreibungen
77	Aufwendungen für die Nutzung nach § 9 Abs. 2 Nr. 1 KHG
78	Sonstige ordentliche Aufwendungen
79	Übrige Aufwendungen

niert. Unter Infrastruktur wird „die Gesamtheit der Anlagen, Einrichtungen und Gegebenheiten"[188] verstanden, die den Wirtschaftseinheiten als Grundlage für die Erbringung ihrer Aktivitäten zur Verfügung stehen.[189] Demzufolge werden den Infrastrukturkosten alle Kostenarten zugeordnet, die mit der Anschaffung, Bereitstellung und Instandhaltung der Infrastruktur in Verbindung stehen. Die Verbrauchs- und Gebrauchsgüter, die zur pflegerischen und medizinischen Versorgung erforderlich sind, werden hingegen den Sachkosten zugerechnet. Hierzu zählen auch die Kosten, die in Verbindung mit Fort- und Weiterbildungen anfallen. Demzufolge erfolgt die Zuordnung der oben genannten Kontengruppen nach Sachkosten und Infrastrukturkosten entsprechend der Tab. 3.12.

Die Sachkosten belaufen sich insgesamt auf 2.140.000 €. Die Kosten für Wasser, Energie und Brennstoffe sind in dieser Summe nicht enthalten, da diese Kosten den Kostenstellen der Radiologie nicht zugeordnet sind. Im Rahmen der Rechenmethode III wird auf diese Problematik tief gehend eingegangen.

In Verrechnungspreise dürfen die durch Fördermittel finanzierten Infrastrukturkosten nicht mit einbezogen werden.[190] In Deutschland ist die Krankenhausfinanzierung in Form der Dualistik organisiert. Im Rahmen der Betriebskostenfinanzierung sind die Krankenkassen bzw. die selbstzahlenden Patienten und im Rahmen der Investitionsfinanzierung

---

[187] Die Aufzählung in der Tab. 3.11 ist nicht abschließend, sondern enthält nur die Kontengruppen, die auch vom Modellkrankenhaus in Verbindung mit den Kostenstellen der Radiologie angesprochen werden.

[188] Zeitverlag Gerd Bucerius GmbH & Co. KG [Hrsg.] (2005, S. 62 f.).

[189] Vgl. Zeitverlag Gerd Bucerius GmbH & Co. KG [Hrsg.] (2005, S. 62 f.).

[190] Vgl. Zapp (2009, S. 93).

Tab. 3.12 Sachkosten- und Infrastrukturkostenarten (modifiziert nach Hentze und Kehres 2008, S. 54)

Kontengruppe	Kontenbezeichnung
Sachkosten	
65	Lebensmittel und bezogene Leistungen
66	Medizinischer Bedarf
67	Wasser, Energie, Brennstoffe
68	Wirtschaftsbedarf
69	Verwaltungsbedarf
71	Wiederbeschaffte Gebrauchsgüter
73	Steuern, Abgaben, Versicherungen
78	Sonstige ordentliche Aufwendungen[a]
Infrastrukturkosten	
72	Instandhaltung
74	Zinsen und ähnliche Aufwendungen
76	Abschreibungen
77	Aufwendung für die Nutzung von Anlagegütern nach § 9 Abs. 2 Nr. 1 KHG.
79	Übrige Aufwendungen

[a] Mit Ausnahme des Kontos 7815000 Erlösbeteiligungen, die den Personalkosten zugeordnet sind.

sind die Bundesländer die Finanzierungsträger.[191] Den Krankenhäusern fließen zur Finanzierung der Investitionen somit öffentliche Fördermittel zu.[192]

Abschreibungen stellen den Aufwand dar, der aufgrund von Wertverlusten nach der Anschaffung von Anlagegütern entsteht.[193] Sofern es sich bei den Anlagegütern um geförderte oder teilgeförderte Anlagegüter handelt, sind die Abschreibungen somit nicht bei der Verrechnungspreisbildung zu berücksichtigen. Die Höhe der Abschreibungen, die durch öffentliche Fördermittel finanziert wurden, sind auf dem Konto 490000 Erträge aus der Auflösung von Sonderposten aus Fördermitteln nach dem KHG zu ersehen.[194] Daher wurde der Saldo des Kontos von den Abschreibungen abgezogen, um nur die Abschreibungen zu berücksichtigen, die auf eine Eigenmittelfinanzierung zurückzuführen sind. In der Kontengruppe 77 werden ebenfalls Aufwendungen gebucht, die in Verbindung mit Fördermitteln stehen. Hierbei handelt es sich um Miet-, Pacht-, oder Leasingverträge.[195] Somit sind auch diese Positionen nicht in den Verrechnungspreisen zu berücksichtigen. Tabelle 3.13 zeigt die Ermittlung der Infrastrukturkosten, die in die Verrechnungspreise einfließen.

---

[191] Vgl. Schmidt-Rettig, B. (2008, S. 379 f.) sowie Tuschen und Trefz (2010).

[192] Vgl. Tuschen und Trefz (2010).

[193] Vgl. Meyer (2007, S. 104).

[194] Vgl. Hentze und Kehres (2007, S. 91).

[195] Vgl. Hentze und Kehres (2007, S. 132).

Tab. 3.13   Berücksichtigungsfähige Infrastrukturkosten (eigene Darstellung)

	Infrastrukturkosten (gesamt)	1.260.000 €
–	77: Aufwendung für die Nutzung von Anlagegütern nach § 9 Abs. 2 Nr. 1 KHG.	269.000 €
–	49: Erträge aus der Auflösung von Sonderposten aus Fördermitteln nach dem KHG	293.000 €
=	Infrastrukturkosten (nicht durch Fördermittel finanziert)	698.000 €

Tab. 3.14   Kostenarten Gesamte Vollkostenmethode (eigene Darstellung)

Kostenart	Höhe der Kosten in €
Personalkosten (fix und variabel)	2.960.000
Sachkosten (fix und variabel)	2.140.000
Infrastrukturkosten	698.000
Kosten (gesamt)	5.798.000

Bevor die Rechenmethoden zur Gesamten Vollkostenmethode aufgezeigt werden, soll Tab. 3.14 eine Übersicht über die Höhe und die Art der Kosten geben, die bei den Rechenmethoden berücksichtigt werden.

Im weiteren Verlauf dieses Abschnitts werden die Berechnungen zu den der Tab. 3.15 entnehmbaren Rechenmethoden zur Gesamten Vollkostenmethode erläutert und dargestellt.

Zur Ermittlung des Verrechnungspreises wird das Kalkulationsverfahren anhand von Äquivalenzziffern angewendet. Die Äquivalenzziffernkalkulation wird des Öfteren als Variante der Divisionskalkulation betitelt.[196] Hummel und Männel führen hingegen aus,

Tab. 3.15   Rechenmethoden der Gesamten Vollkostenmethode (eigene Darstellung, Datenquelle: Zapp 2009, S. 93)

Fixe und variable Personalkosten Fixe und variable Sachkosten Kosten der Infrastruktur	Rechenmethode I: Äquivalenzziffernkalkulation anhand von GOÄ-Punkten
	Rechenmethode II: Kombinierte Äquivalenzziffernkalkulation anhand von GOÄ-Punkten unter Berücksichtigung von kalkulatorischen Personalkosten
	Rechenmethode III: Berücksichtigung von Kostenstellengemeinkosten (Gas, Wasser, Strom) anhand von Verteilungsschlüsseln

---

[196] Vgl. Schweitzer und Küpper (2008, S. 167) sowie Hummel und Männel (1986, S. 276), Däumler und Grabe (2008), Haberstock (2008, S. 145).

dass die Äquivalenzziffernkalkulation nur eine ähnliche Systematik wie die Divisionskalkulation aufweist.[197] Im Rahmen der Divisionskalkulation werden die Gesamtkosten
durch die Gesamtleistung eines definierten Zeitraumes geteilt. Das Ergebnis ist dann
der Verrechnungspreis.[198] Daher ist die Divisionskalkulation im engeren Sinne nur
sinnvoll durchführbar, wenn sich das betrachtete Leistungsprogramm auf eine Leistung
beschränkt.[199] Die Äquivalenzziffernkalkulation ist hingegen für Mehrproduktunterneh-
men konzipiert,[200] die nicht homogene aber ähnliche Leistungen erbringen.[201] Über die
Äquivalenzziffern werden die verwandten Leistungen gleichnamig gemacht, sodass ein
gedachtes Einheitsprodukt entsteht.[202] In der Unternehmenspraxis besteht die Schwierigkeit darin, die Äquivalenzziffern zu bilden.[203] Im Krankenhausbereich bieten sich die
Gebührenwerke mit deren Punkten als Gewichtungsfaktoren an.[204] Somit ist die genannte
Problematik entschärft. Im Folgenden wird das Kalkulationsverfahren anhand von Äquivalenzziffern mithilfe der ersten Rechenmethode der Gesamten Vollkostenmethode näher
erläutert.

Im Abschn. 3.2 ist die Gesamtleistung der Radiologie in Höhe von 136.500.000 GOÄ-
Punkten genannt worden. Dabei stellt ein GOÄ-Punkt das Einheitsprodukt dar. Da alle
Leistungen der Radiologie auf eine einheitliche Leistung umgerechnet wurden, kann an
dieser Stelle eine Divisionskalkulation erfolgen.[205] Den Gesamtleistungen werden die Gesamtkosten gegenübergestellt.[206] Diese betragen in der Radiologie 5.798.000 €. Durch die
Division der Gesamtkosten und den nach GOÄ-Punkten gewichteten Gesamtleistungen
ergibt sich eine Verhältnisgröße.[207] Diese wird auch Punktwert genannt.[208] In der Radiologie ergibt sich aufgrund dieser Berechnung der Punktwert 4,248 Cent/Punkt. Der
Verrechnungspreis für eine bestimmte Leistung wird durch die Multiplikation des Punkt-
wertes mit der GOÄ-Punktzahl der bestimmten Leistung erzielt.[209] Somit kann mit diesem
Punktwert jede Leistung bewertet und so den anfordernden Abteilungen zugeordnet werden.[210] Abschließend sind in der Abb. 3.4 die Rechnungen diesbezüglich aufgeführt.

Leistungen und Kosten, die einander gegenüber gestellt werden, sollten sich inhaltlich
entsprechen. In den bisherigen Ausführungen ist deutlich geworden, dass in der Leistungs-

---

[197] Vgl. Hummel und Männel (1986, S. 275).
[198] Vgl. Haberstock (2008, S. 148).
[199] Vgl. Keun und Prott (2008) sowie Däumler und Grabe (2008), Haberstock (2008, S. 148), Hentze
und Kehres (2008, S. 111).
[200] Vgl. Hummel und Männel (1986, S. 275).
[201] Vgl. Keun und Prott (2008).
[202] Vgl. Coenenberg (2009).
[203] Vgl. Schweitzer und Küpper (2008, S. 167).
[204] Vgl. Multerer (2008, S. 91).
[205] Vgl. Coenenberg (2009).
[206] Vgl. Multerer (2008, S. 120) sowie Keun und Prott (2008).
[207] Vgl. Multerer (2008, S. 120).
[208] Vgl. Keun und Prott (2008).
[209] Vgl. Multerer (2008, S. 120) sowie Keun und Prott (2008).
[210] Vgl. Keun und Prott (2008).

Personalkosten (fix/variabel):	2.960.000	
Sachkosten (fix/variabel):	2.140.000	
Infrastrukturkosten:	698.000	
Gesamtkosten:	**5.798.000**	
Gesamtleistung:	**136.500.000**	GOÄ-Punkte

$$\frac{5.798.000}{136.500.000} = \underline{4,248} \quad \text{Cent/Punkt}$$

Leistung	ÄZ	Punkt-wert	Verrech-nungspreis (ÄZ*PW)	Leistungs-menge	Gesamtkosten je Leistung (VP*LM)
9 Strahlendiagnostik	400	4,248	16,99 €	724	12.301,10 €
12 Angiografie	1600	4,248	67,96 €	31	2.106,82 €
13 CT	1900	4,248	80,70 €	1349	108.870,72 €
14 MRT	4200	4,248	178,40 €	774	138.081,60 €

Abb. 3.4 Rechenmethode I der Gesamten Vollkostenmethode (eigene Darstellung), Rundungsdifferenzen ergeben sich durch einen gerundeten Punktwert

statistik des Instituts die Leistungen, die im Rahmen der Kooperation mit Dr. Mustermann erbracht werden, enthalten sind. Ebenfalls ist erwähnt worden, dass Herr Dr. Mustermann das ärztliche Personal in die Kooperation mit einbringt. Somit entstehen dem Modellkrankenhaus keine ärztlichen Personalkosten in diesem Zusammenhang. In der Gesamtleistung ist die ärztliche Tätigkeit allerdings enthalten. Leistungen und Kosten entsprechen sich demzufolge nicht. Die reine Verwendung von pagatorischen Kosten führt in diesem Kontext zu Ungenauigkeiten in der Verrechnungspreisbildung.[211] Daher wurde entschieden, die ärztlichen Personalkosten zu kalkulieren und in die Berechnungen mit einzubeziehen.

Die Ärzte, die aufgrund der Kooperation in der Radiologie tätig sind, haben die Facharztausbildung Radiologie erfolgreich beendet. Daher wird davon ausgegangen, dass sofern das Modellkrankenhaus für die Personalkosten aufkommen müsste, diese eher in der Region der Oberärzte, als in der der Assistenzärzte anzusiedeln wären. Aufgrund dieser Annahme wurde das durchschnittliche Gehalt eines nicht leitenden Oberarztes für Radiologie aus den tatsächlichen Personalkosten des Instituts ermittelt. Dieses beläuft sich auf 149.381,50 €/je Arzt und Jahr. Das Ergebnis ist mit der Anzahl der Ärzte zu multiplizieren, die im Rahmen der Kooperation tätig sind – das sind in diesem Fall 2 Vollkräfte (also 298.763 €). Die Ermittlung der Verrechnungspreise unter den dargelegten Prämissen ist der Rechenmethode II in der Abb. 3.5 zu entnehmen.

---

[211] Vgl. Strehlau-Schwoll (1999, S. 73).

Personalkosten (fix/variabel):	2.960.000
Sachkosten (fix/variabel):	2.140.000
Infrastrukturkosten:	698.000
Kalkulatorische Personalkosten:	298.763
Gesamtkosten:	**6.096.763**
Gesamtleistung:	**136.500.000** GOÄ-Punkte

$$\frac{6.096.763}{136.500.000} = \underline{4,466}\ \text{Cent/Punkt}$$

Leistung	ÄZ	Punkt wert	Verrech- nungspreis(ÄZ* PW)	Leistungs- menge	Gesamtkosten je Leistung(VP*LM)
9 Strahlendiagnostik	400	4,466	17,87 €	724	12.934,96 €
12 Angiografie	1600	4,466	71,46 €	31	2.215,38 €
13 CT	1900	4,466	84,86 €	1349	114.480,68 €
14 MRT	4200	4,466	187,59 €	774	145.196,75 €

Abb. 3.5 Rechenmethode II der Gesamten Vollkostenmethode (eigene Darstellung), Rundungsdifferenzen ergeben sich durch einen gerundeten Punktwert

Bei den bisher dargestellten Kosten handelt es sich um Kostenstelleneinzelkosten.[212] Zu den Infrastrukturkosten gehören, entsprechend der Definition dieser Ausarbeitung, nicht nur die aufgeführten Kostenstelleneinzelkosten, sondern es zählen zudem Kostenstellengemeinkosten[213] wie Strom, Wasser und Energie dazu. Aufgrund dessen sollten in der Rechenmethode III die Kostenstellengemeinkosten in den Infrastrukturkosten berücksichtigt werden. Das Modellkrankenhaus verfügt diesbezüglich in seinem Kontenplan über folgende Kostenstellen (Tab. 3.16).

Um die Kostenstellengemeinkosten verursachungsgerecht auf die Kostenstellen der Radiologie zu verrechnen, werden für die Kostenumlage Verrechnungsschlüssel bzw. Kostenschlüssel[214] herangezogen. Als sinnvoller Verrechnungsschlüssel kann die Nutzfläche angesehen werden, die auch im Rahmen der DRG-Kalkulation zu verwenden ist.[215] Im

---

[212] Kostenstelleneinzelkosten stellen Kosten dar, die den Kostenstellen direkt zurechenbar und direkt zugerechnet sind (vgl. Kloock 2005, S. 70).

[213] Kostenstellengemeinkosten, unterscheiden sich in unechte Kostenstellengemeinkosten und echte Kostenstellengemeinkosten. Unechte Kostenstellengemeinkosten wie die Kosten für Strom sind den Kostenstellen direkt zurechenbare, aber nicht direkt zugerechnete Kosten. Echte Kostenstellengemeinkosten, wie Mietkosten für ein Gebäude, das mehrere Kostenstellen beherbergt, sind Kosten, die den Kostenstellen nicht direkt zurechenbar sind (vgl. Kloock 2005, S. 70).

[214] Vgl. Schweitzer und Küpper (2008, S. 130).

[215] Vgl. InEK GmbH (2007, S. 92 f.).

Tab. 3.16 Kostenstellengemeinkosten als Infrastrukturkosten (eigene Darstellung)

Kostenstellennummer	Kostenstellenbezeichnung
913100	Wärme
913200	Strom
913400	Gas
913500	Wasser

Personalkosten (fix/variabel):	2.960.000	
Sachkosten (fix/variabel):	2.209.087	
Infrastrukturkosten:	698.000	
Gesamtkosten:	**5.867.087**	
Gesamtleistung:	**136.500.000**	GOÄ-Punkte

$$\frac{5.867.087}{136.500.000} = 4{,}298 \quad \text{Cent/Punkt}$$

Leistung	ÄZ	Punkt-wert	Verrech-nungspreis (ÄZ*PW)	Leistungs-menge	Gesamtkosten je Leistung (VP*LM)
9 Strahlendiagnostik	400	4,248	17,19 €	724	12.447,68 €
12 Angiografie	1600	4,248	68,77 €	31	2.131,92 €
13 CT	1900	4,248	81,67 €	1349	110.167,99 €
14 MRT	4200	4,248	180,53 €	774	139.726,93 €

Abb. 3.6 Rechenmethode III der Gesamten Vollkostenmethode (eigene Darstellung), Rundungs-differenzen ergeben sich durch einen gerundeten Punktwert

Abschn. 2.2 wurde bereits die Problematik der Kostenverteilung bzw. -zurechnung anhand von Kostenschlüsseln beschrieben. Dort wurde zwischen Mengenschlüsseln und Wert-schlüsseln unterschieden. Die Nutzfläche stellt als Flächenangabe den Mengenschlüssel Raumgröße dar.[216] Das bedeutet, dass die Kosten der zuvor genannten Kostenstellen an-hand der Nutzfläche der Radiologie verteilt werden könnten. Das Modellkrankenhaus setzt sich aus mehreren Gebäuden zusammen. Ein Gebäude ist das Haupthaus, indem der Groß-teil des Krankenhauses untergebracht ist. In diesem Gebäude befindet sich neben verschie-denen anderen Fachabteilungen auch die Radiologie. Die Gesamtnutzfläche beläuft sich auf 31.000 m², wobei die Radiologie des Modellkrankenhauses 700 m² Nutzfläche aufweist. Die Kostenstellengemeinkosten belaufen sich auf 3.059.565 €. Somit ergibt sich durch Ver-teilung anhand der Nutzfläche Kosten für Wärme, Strom, Gas und Wasser für die Radio-

---

[216] Vgl. Schweitzer und Küpper (2008, S. 130).

Tab. 3.17 Kostenarten Direkte Vollkostenmethode (eigene Darstellung)

Kostenart	Kosten in €
Sachkosten (fix und variabel)	2.209.087
Personalkosten (fix und variabel)	2.960.000
Kalkulatorische Personalkosten (fix und variabel)	298.763

logie in Höhe von 69.087 €. Daraus ergeben sich Sachkosten in Höhe von 2.209.087 €. Wie die veränderten Sachkosten sich auf die Verrechnungspreise auswirken ist der Rechenmethode III in Abb. 3.6 zu entnehmen.

3.3.3.1.2 Direkte Vollkostenmethode

Im diesem Abschnitt werden die Rechenmethoden der Direkten Vollkostenmethode dargestellt. Abweichend zu den Ausführungen zur Gesamten Vollkostenmethode wird im Rahmen der folgenden Berechnungen zur Direkten Vollkostenmethode die Kostenart Infrastrukturkosten nicht berücksichtigt.[217] Die Tab. 3.17 enthält somit die Kostenarten, die den Berechnungen im Rahmen der Direkten Vollkostenmethode zu Grunde liegen.

Hummel und Männel verdeutlichen in ihren Ausführungen zu den Systemen der Kosten- und Leistungsrechnung, dass immer eine Kategorie[218] der Kosten nicht berücksichtigt wird, sofern es sich um eine Teilkostenrechnung handelt. Daher liegt auch bei der Nichtberücksichtigung der Infrastrukturkosten eine Voll- und keine Teilkostenrechnung vor. Von Hummel und Männel wird allerdings die Begrifflichkeit reduzierte Vollkostenrechnung verwendet.[219] Die der Tab. 3.18 zu entnehmenden Rechenmethoden wurden zur Direkten Vollkostenmethode konzipiert.

Die Rechenmethode I wird in diesem Abschnitt nicht ausführlich erläutert, da sich die Rechenmethode nur durch den Kostenumfang von der Rechenmethode I der Gesamten Vollkostenmethode unterscheidet. Die Berechnungen sind zur besseren Verständlichkeit aber der Abb. 3.7 zu entnehmen.

Es ist darauf hinzuweisen, dass hier die Aufteilung im Verhältnis von Ambulanz (1,0) zu stationär (1,2) erfolgt. Ebenso gut kann die Aufteilung auch nach dem Verhältnis am-

---

[217] Vgl. Zapp (2009, S. 93).

[218] Die Gesamtheit der Kosten ist mindestens immer in zwei Kategorien unterteilt (vgl. Hummel und Männel 1986, S. 43.) Im Rahmen des Abschnitt Teilkostenmethoden wird beispielsweise die beschäftigungsbezogene Kostenauflösung in fix und variabel vorgenommen.

[219] Vgl. Hummel und Männel (1986, S. 43) sowie Zapp (2009).

Tab. 3.18 Rechenmethoden der Direkten Vollkostenmethode (eigene Darstellung, Datenquelle: Zapp 2009, S. 93)

Fixe und variable Personalkosten Fixe und variable Sachkosten	Rechenmethode I: Äquivalenzziffernkalkulation anhand von GOÄ-Punkten
	Rechenmethode II: Kombinierte Äquivalenzziffernkalkulation anhand von GOÄ-Punkten und 1,2-Faktor
	Rechenmethode III: Kombinierte Äquivalenzziffernkalkulation anhand von GOÄ-Punkten und 1,2-Faktor unter Berücksichtigung von kalkulatorischen Personalkosten
	Rechenmethode IV: Kombinierte Äquivalenzziffernkalkulation anhand von GOÄ-Punkten und 1,2-Faktor unter Berücksichtigung der modifizierten Vollkostenrechnung

bulant (0,8) zu stationär (1,0) erfolgen. Legt man die Leistungszahlen diese Modellhauses zu Grunde (siehe Abschn. 3.2) dann ergibt sich folgende Verteilung:

Gesamtleistung:	136.500.000 Leistungen	
davon stationär:	79.700.000 Leistungen	
verrechnet mit dem Faktor 1,2:		95.640.000
davon ambulant:	56.800.000 Leistungen	
verrechnet mit dem Faktor 1,0:		56.800.000
Summe		
a) der ungewichteten Leistungen:	**136.500.000**	
b) der gewichteten Leistungen:		**152.440.000**

In der Methode I werden für die verwandten Leistungen der Radiologie GOÄ-Punkte als Äquivalenzziffern verwendet, um diese gleichnamig zu machen. Die definierten Leistungen werden an ambulanten und an stationären Patienten erbracht, erhalten dabei aber die gleiche Gewichtung. Sofern Leistungen an Materialproben durchgeführt werden, ist die Vorgehensweise sachgemäß. Ambulante und stationäre Leistungen, die an Patienten erbracht werden, können aber nicht als homogen[220] angesehen werden.[221] Der Mehraufwand für stationäre Patienten ist durch eine entsprechende Gewichtung auszudrücken. Sofern für jede Leistung separat das Kostenverhältnis zwischen ambulant und stationär ermittelt wird, ist dieses eine aufwendige Herangehensweise.[222] Daher wird in der Praxis aus Vereinfachungsgründen der Faktor 1,2 herangezogen, welcher ebenfalls vom Lan-

---

[220] Siehe zur Thematik Vergleichbarkeit von ambulanten und stationären Leistungen auch den Abschn. 3.3.2.1.
[221] Vgl. Zapp (2009).
[222] Vgl. Bölke und Schmidt-Rettig (1988, S. 468).

Personalkosten (fix/variabel):   2.960.000
Sachkosten (fix/variabel):   2.209.087
Gesamtkosten: **5.169.087**

Gesamtleistung: **136.500.000**   in GOÄ-Punkten

$$\frac{5.169.087}{136.500.000} = \mathbf{3,787} \quad \text{Cent/Punkt}$$

Leistung	ÄZ	Punkt wert	Verrech- nungspreis (ÄZ*PW)	Leistungs- menge	Gesamtkosten je Leistung(VP*LM)
9 Strahlendiagnostik	400	3,736	15,15 €	724	10.966,80 €
12 Angiografie	1600	3,736	60,59 €	31	1.878,29 €
13 CT	1900	3,736	71,95 €	1349	97.061,44 €
14 MRT	4200	3,736	159,05 €	774	123.103,80 €

Abb. 3.7 Rechenmethode I zur Direkten Vollkostenmethode (eigene Darstellung), Rundungsdifferenzen ergeben sich durch einen gerundeten Punktwert

desrechnungshof Rheinland-Pfalz verwendet wird.[223] In der Tab. 3.19 ist beispielhaft die Ermittlung der Äquivalenzziffern zur Rechenmethode II der Direkten Vollkostenmethode dargestellt. Hierbei handelt es sich um eine kombinierte Äquivalenzziffer,[224] welche es ermöglicht, zwei Kostenbestimmungsfaktoren gleichzeitig anzuwenden.[225] In der hier durchgeführten Rechnung sind dieses zum einen die GOÄ-Punkte und zu anderen der Faktor 1,2. Die kombinierten Äquivalenzziffern bilden die Basis für die weiteren Berechnungen im Zusammenhang mit der Rechenmethode II, die der Abb. 3.8 zu entnehmen sind.

In der Rechenmethode II wird für die Sachkosten sowie für die Personalkosten die identische Bezugsgröße verwendet. Da dieses eine einfache Vorgehensweise darstellt, wird sie auch in der Praxis vorwiegend angewendet.[226] Der Unterschied des Aufwandes zwischen ambulanten und stationären Leistungen bezieht sich allerdings vordergründig auf die Personalkosten.[227] Daher müssten die modifizierten GOÄ-Punkte nur für die Verrechnung

---

[223] Vgl. Zapp (2009).
[224] Vgl. Coenenberg (2009).
[225] Vgl. Coenenberg (2009).
[226] Vgl. Multerer (2008, S. 120).
[227] Vgl. Zapp (2009).

Tab. 3.19 Kombinierte Äquivalenzziffern (modifiziert nach Coenenberg 2009)

Leistungsdefinition	ÄZ	Ambulant 1,0	Stationär 1,2
9 Strahlendiagnostik	400	$400 \times 1{,}0 = 400$	$400 \times 1{,}2 = 480$
12 Angiografie	1600	$1600 \times 1{,}0 = 1600$	$1600 \times 1{,}2 = 1920$
13 CT	1900	$1900 \times 1{,}0 = 1900$	$1900 \times 1{,}2 = 2280$
14 MRT	4200	$4200 \times 1{,}0 = 4200$	$4200 \times 1{,}2 = 5040$

Personalkosten (fix/variabel):	2.960.000
Sachkosten (fix/variabel):	2.209.087
Gesamtkosten:	5.169.087
Gesamtleistung:	152.440.000 in gewichteten GOÄ-Punkten

$$\frac{5.169.087}{152.440.000} = \mathbf{3{,}391} \quad \text{Cent/Punkt}$$

Leistung	ÄZ	Punkt-wert	Verrech-nungspreis(ÄZ* PW)	Leistungs-menge	Gesamtkosten je Leistung(VP*LM)
9 Strahlendiagnostik (ambulant)	400	3,391	13,56 €	445	6.035,80 €
9 Strahlendiagnostik (stationär)	480	3,391	16,28 €	279	4.541,09 €
12 Angiografie (ambulant)	1600	3,391	54,25 €	12	651,05 €
12 Angiografie (stationär)	1920	3,391	65,11 €	19	1.237,00 €
13 CT (ambulant)	1900	3,391	64,43 €	689	44.390,26 €
13 CT (stationär)	2280	3,391	77,31 €	660	51.026,25 €
14 MRT (ambulant)	4200	3,391	142,42 €	33	4.699,79 €
14 MRT (stationär)	5040	3,391	170,91 €	741	126.637,88 €

Abb. 3.8 Rechenmethode II der Direkten Vollkostenmethode (eigene Darstellung), Rundungsdifferenzen ergeben sich durch einen gerundeten Punktwert

der Personalkosten, aber nicht für die Verrechnung der Sachkosten verwendet werden.[228] Diese Modifikation der Rechenmethode II ist aus der Abb. 3.9 zu ersehen.[229]

In der Rechenmethode III werden neben den pagatorischen Kosten auch die kalkulatorischen Personalkosten berücksichtigt. Die Rechenmethode III der Direkten Vollkostenmethode ist an die Rechenmethode II der Gesamten Vollkostenmethode angelehnt. Die Rechenmethoden unterscheiden sich durch den berücksichtigten Kostenumfang sowie durch die verwendeten Äquivalenzziffern. Die Rechnung ist in der Abb. 3.10 dargestellt.

Die Rechenmethode III kann zu der Rechenmethode IV verfeinert werden, wenn die Gedanken der Ambulanzkostenausgliederung differenziert zu Grunde gelegt werden. Ein Krankenhaus hat seine Kosten und Leistungen den verschiedenen Finanzierungsquellen zuzuordnen. Entscheidend ist vor allem die Trennung in pflegesatzfähige und nicht pflegesatzfähige Kosten.[230] Das KHG definiert die pflegesatzfähigen Kosten wie folgt: Dieses sind Kosten eines Krankenhauses, deren Berücksichtigung im Pflegesatz nach dem KHG nicht ausgeschlossen sind.[231] Zu den nicht berücksichtigungsfähigen Kosten zählen u. a. Kosten für die ambulante Versorgung, die im Krankenhaus erbracht wird.[232] Dazu zählen die ambulanten Leistungen des Krankenhauses ebenso wie die ambulanten Leistungen, die aufgrund von genehmigten Nebentätigkeiten durch die Ärzte erbracht werden.[233] Aus der Regierungsbegründung zur KHBV ergibt sich, dass alle Kosten, die dem ambulanten Bereich entsprechend dem Verursachungsprinzip nicht zugerechnet werden können, von den stationären Bereichen zu tragen sind.[234] Dieses lässt sich auch mit der eigentlichen Bestimmung eines Krankenhauses begründen,[235] welche die stationäre medizinische und pflegerische Versorgung beinhaltet.[236]

Die fixen Kosten lassen sich in Nutz- und Leerkosten unterteilen. Bei einem Beschäftigungsgrad[237] von 100 % entstehen keine Leerkosten. Mit einem Abnehmen des Beschäftigungsgrades entstehen allerdings Leerkosten. Die Nutzkosten entsprechen somit den fixen Kosten, die aufgrund der aktiven Beschäftigung entstehen.[238] Daher sind den ambulanten Leistungen zum einen die gesamten Leerkosten und zum anderen die nicht in Anspruch genommen Nutzkosten nicht zuzurechnen.[239] Dementsprechend hat der Verrechnungspreis für die stationären Leistungen die Kosten zu beinhalten, die den ambulanten Leistungen

---

[228] Vgl. Multerer (2008, S. 121).

[229] Bei den folgenden Rechenmethoden wird diese Art und Weise der Gewichtung nicht durchgeführt. Die Modifikation soll nur eine weitere Verfeinerung der Rechnungen aufzeigen.

[230] Vgl. Zapp (2009).

[231] Vgl. § 2 Nr. 5 KHG.

[232] Vgl. § 17 Abs. 3 Nr. 1 KHG.

[233] Vgl. Arnold (2008, S. 620).

[234] Vgl. Zapp (2009).

[235] Vgl. Zapp (2009).

[236] Vgl. § 2 Nr. 1 KHEntgG.

[237] Mit dem Beschäftigungsgrad wird in der Betriebswirtschaftslehre der Grad der Ausnutzung der Kapazität beschrieben (vgl. Hummel und Männel 1986, S. 101).

[238] Vgl. Olfert (2008, S. 349).

[239] Vgl. Zapp (2009) sowie Kehres (1994, S. 105).

Personalkosten (fix/variabel):	2.960.000	
Sachkosten (fix/variabel):	2.209.087	
Gesamtkosten:	5.169.087	
Gesamtleistung:	136.500.000	in GOÄ-Punkten
	152.440.000	in gewichteten GOÄ-Punkten

$$\frac{2.960.000}{152.440.000} = \mathbf{1{,}942} \quad \text{Cent/Punk (Personalkosten)}$$

$$\frac{2.209.087}{136.500.000} = \mathbf{1{,}618} \quad \text{Cent/Punk (Sachkosten)}$$

Leistung	ÄZ	Punkt wert	Verrech- nungspreis (ÄZ*PW)	Leistung s- menge	Gesamtkosten je Leistung (ÄZ*PW)
9 - Sachkosten Strahlendiagnostik	400	1,618	6,47 €	724	4.686,82 €
9 - Personalkosten Strahlendiagnostik (ambulant)	400	1,942	7,77 €	445	3.456,31 €
9 - Personalkosten Strahlendiagnostik (stationär)	480	1,945	9,32 €	279	2.600,39 €
9 - Gesamt Strahlendiagnostik (ambulant)			14,24 €	445	6.337,02 €
9 - Gesamt Strahlendiagnostik (stationär)			15,79 €	279	4.406,50 €
12 - Sachkosten Angiografie	1600	1,618	25,89 €	31	802,72 €
12 - Personalkosten Angiografie (ambulant)	1600	1,942	31,07 €	12	372,82 €
12 - Personalkosten Angiografie (stationär)	1920	1,942	37,28 €	19	708,35 €
12 - Gesamt Angiografie (ambulant)			56,96 €	12	683,54 €
12 - Gesamt Angiografie (stationär)			63,18 €	19	1.200,34 €
13 - Sachkosten CT	1900	1,618	30,75 €	1349	41.480,67 €
13 - Personalkosten CT (ambulant)	1900	1,942	36,89 €	689	25.419,42 €
13 - Personakosten CT (stationär)	2280	1,942	44,27 €	660	29.219,42 €
13 - Gesamt CT (ambulant)			67,64 €	689	46.605,61 €
13 - Gesamt CT (stationär)			75,02 €	660	49.513,89 €
14- Sachkosten MRT	4200	1,618	271,89 €	774	210.441,03 €
14- Personalkosten MRT (ambulant)	4200	1,942	81,56 €	33	2.691,61 €

Abb. 3.9 Modifikation Rechenmethode II (Direkte Vollkostenmethode) (eigene Darstellung), Rundungsdifferenzen ergeben sich durch einen gerundeten Punktwert

Personalkosten (fix/variabel):	2.960.000
Sachkosten (fix/variabel):	2.209.087
Kalkulatorische Personalkosten:	298.763
Gesamtkosten:	5.467.850

| Gesamtleistung: | 152.440.000 | in gewichteten GOÄ-Punkten |

$$\frac{5.467.850}{152.440.000} = \textbf{3,587} \quad \text{Cent/Punkt}$$

Leistung	ÄZ	Punkt wert	Verrechnungspreis (ÄZ*PW)	Leistungsmenge	Gesamtkosten je Leistung (ÄZ*LM)
9 Strahlendiagnostik (ambulant)	400	3,587	14,35 €	445	6.384,66 €
9 Strahlendiagnostik (stationär)	480	3,587	17,22 €	279	4.803,56 €
12 Angiografie (ambulant)	1600	3,587	57,39 €	12	688,68 €
12 Angiografie (stationär)	1920	3,587	68,87 €	19	1.308,50 €
13 CT (ambulant)	1900	3,587	68,15 €	689	46.955,93 €
13 CT (stationär)	2280	3,587	81,78 €	660	53.975,47 €
14 MRT (ambulant)	4200	3,587	150,65 €	33	4.971,42 €
14 MRT (stationär)	5040	3,587	180,78 €	741	133.957,30 €

Abb. 3.10 Rechenmethode III der Direkten Vollkostenmethode (eigene Darstellung), Rundungsdifferenzen ergeben sich durch einen gerundeten Punktwert

nicht verursachungsgerecht zugeordnet werden können. In der Fachliteratur hat sich für die beschriebene Form der Ambulanzkostenausgliederung die Begrifflichkeit Modifizierte Vollkostenrechnung herausgebildet.[240]

Den folgenden Ausführungen liegt ebenfalls, wie der noch zu erläuternden Rechenmethode I der Vollen Teilkostenmethode, die Annahme zu Grunde, dass die Personalkosten als fixe und die Sachkosten als variable Kosten zu betrachten sind. Multerer macht in seiner Dissertation deutlich, dass den Sachkosten im Rahmen der Kalkulation von Verrechnungspreisen eine mindere Bedeutung zu kommt als den Personalkosten.[241] Auch Zapp spricht sich aus Wirtschaftlichkeitsgründen dafür aus, die Sachkosten im Rahmen der Ambulanzkostenausgliederung zu vernachlässigen.[242] Eine differenzierte Betrachtung der Sachkosten der Radiologie erfolgt daher nicht. Eine Ermittlung der maximal durchführba-

---

[240] Vgl. Zapp (2009).

[241] Vgl. Multerer (2008, S. 145).

[242] Vgl. Zapp (2009).

Tab. 3.20 Kosten der Bereitschaft- und Rufbereitschaftsdienste (eigene Darstellung)

Lohnart	Kosten (Gesamt)
Inanspruchnahme Rufbereitschaft	72.732 €
Bereitschaftsdienst	57.576 €
Rufbereitschaftsdienst	45.638 €
Summe	175.947 € davon durch Oberärzte: 72.384 € davon durch Assistenzärzte: 34.003 €

ren Leistungspunkte, und somit des Beschäftigungsgrades von 100 %, ist in der Krankenhauspraxis schwer möglich. Daher kann davon ausgegangen werden, dass die tatsächlich erbrachten Leistungen der Kapazitätsgrenze näherungsweise entsprechen.[243] Nach dieser Annahme sind die gesamten Fixkosten als Nutzkosten anzusehen. Dementsprechend werden im Folgenden nur die Personalkosten des Modellkrankenhauses danach untersucht, ob diese durch ambulante oder durch stationäre Leistungen verursacht wurden.

Der Bereitschaftsdienst in medizinischen Institutionen eines Krankenhauses wird primär für die Aufrechterhaltung der stationären Versorgung organisiert. Daher sind die damit einhergehenden Kosten den ambulanten Leistungen nicht zurechenbar.[244] Die Großgeräte CT, MRT und konventionelles Röntgen stehen den Patienten des Radiologie 24 Std. am Tag zur Verfügung. Dabei werden die Abendstunden und die frühen Morgenstunden sowie die Wochenenden durch Personal im Bereitschafts- bzw. Rufbereitschaftsdienst abgedeckt. Ambulante Leistungen im Ruf- oder Bereitschaftsdienst sind durch Einzelbelege zu dokumentieren, um sie diesen verursachungsgerecht zuzuordnen.[245] Liegen entsprechende Information nicht vor, muss mit Schätzungen gearbeitet werden, der Anteil der ambulanten zu stationären Leistungen auch als Grundlage der Bereitschaftsdienste genommen werden oder die gesamten Kosten des Bereitschafts- und Rufbereitschaftsdienstes werden den stationären Leistungen zugerechnet. Der Tab. 3.20 sind die Kosten des Rufbereitschaft- und des Bereitschaftsdienstes der Radiologie zu entnehmen.

Die Personalkosten für Oberärzte belaufen sich nach Unterlagen des Modellhauses angenommen auf 556.733 €. Sofern von diesen die Kosten des Rufbereitschaft- und Bereitschaftsdienstes der Oberärzte abgezogen werden, erhält man die Personalkosten Oberärzte in Vollarbeit in der Höhe von 484.348 €. Die Personalkosten in Vollarbeit für Assistenzärzte belaufen sich nach den Unterlagen für ein Jahr auf 615.683 €.

In den Konferenzen mit den verschieden Fachabteilungen werden stationäre Fälle der jeweiligen Fachabteilungen zwischen den Ärzten der Fachabteilung und den Radiologen besprochen. Diesen Besprechungen, die durch die stationären Leistungen verursacht sind, steht im Zusammenhang mit den ambulanten Leistungen kein zeitliches Pendant gegen-

---

[243] Vgl. Zapp (2009) sowie Kehres (1994, S. 110).
[244] Vgl. Zapp (2009).
[245] Vgl. Zapp (2009) sowie Kehres (1994, S. 110).

über.[246] Daher können die Konferenzen der radiologischen Ärzte mit den anderen Fachabteilungen des Krankenhauses den ambulanten Leistungen nicht verursachungsgerecht zugerechnet werden.

Die ambulanten Leistungen der Radiologie werden durch ermächtigte Krankenhausärzte erbracht. Die vertragsärztliche Tätigkeit im Rahmen einer Ermächtigung ist durch den ermächtigen Arzt persönlich zu leisten.[247]

Diese Verrechnung in einem Kostenrechnungsmodell zu Grunde zu legen ist sehr aufwendig. Zu fragen ist, ob der Erkenntnismehrwert sich auch zahlenmäßig greifen lässt:

a) Die Aufteilung vom ambulanten zu stationären Personalkosten bei den Ärzten wird durch die gewichteten Leistungspunkte gut abgebildet.

b) Werden die Bereitschaftsdienste dem gesamten stationären Bereich angelastet, ergeben sich lt. Analyse 175.947 €, die insgesamt dem stationären Bereich zuzuordnen sind. Bezogen auf 95.640.000 Leistungspunkte im stationären Bereich ergibt sich ein Punktwert von 0,18 Cent als zusätzlicher Wert für stationäre Leistungen.

Diese Analyse rechtfertigt aus ökonomischer Sicht nicht die differenzierte Sichtweise.

3.3.3.2 Teilkostenmethoden

Neben der Ausgestaltung als Vollkostenrechnung zählt die Teilkostenrechnung zu den Kostenrechnungssystemen, sofern nach dem Kriterium Sachumfang differenziert wird.[248] Hummel und Männel machen diesbezüglich darauf aufmerksam, dass der Unterschied nur in der Verrechnung liegt und nicht hinsichtlich der Erfassung der Kosten.[249] Während in der Vollkostenrechnung sämtliche Kosten verrechnet werden, verzichtet die Teilkostenrechnung auf die Verrechnung eines Teils der anfallenden Kosten.[250]

In der Teilkostenrechnung findet prinzipiell eine Aufspaltung der Gesamtkosten statt, wobei nur ein Teil der Gesamtkosten weiterverrechnet wird. Hummel und Männel verdeutlichen, dass bei der Verwendung des Begriffes der Teilkostenrechnung darauf geachtet werden sollte, dass nicht schon von einer Teilkostenrechnung gesprochen wird, wenn auf die Verrechnung irgendwelcher, beliebiger Kostenelemente verzichtet wird. Es liegt nur ein Teilkostenrechnungssystem vor, wenn bestimmte Kategorien der Gesamtkosten von der Weiterverrechnung ausgenommen werden. Das bedeutet, dass die Voraussetzung für jede Teilkostenrechnung eine differenzierte Behandlung der Kosten sowie die Unterteilung der Gesamtheit der Kosten in mindestens zwei Kostenkategorien ist.[251] Grundlegend lassen sich zwei verschiedene Teilkostenrechnungssysteme unterscheiden. Dabei zählen die

---

[246] Vgl. Zapp (2009).

[247] Vgl. Arnold (2008, S. 626).

[248] Vgl. Coenenberg (2009).

[249] Vgl. Hummel und Männel (1986, S. 43).

[250] Vgl. Schierenbeck (2008) sowie Schweitzer und Küpper (2008, S. 64), Hummel und Männel (1983, S. 19 f.), Kloock (2005, S. 74), Wöhe (2008, S. 1080).

[251] Vgl. Hummel und Männel (1986, S. 43).

Beschäftigungsabhängigkeit und die eindeutige Zurechenbarkeit zu den grundlegenden Kriterien zur Kostenaufspaltung.[252] Somit werden die Kosten zum einen in fixe und variable Kosten separiert und zum anderen in Einzel- und Gemeinkosten.[253]

Schweitzer und Küpper machen deutlich, dass die entwickelten Teilkostenrechnungen in Verbindung mit dem Kriterium Beschäftigungsabhängigkeit in der Praxis in verschiedenen Ausprägungen anzutreffen sind.[254] Aufgrund dieses Zusammenhanges sind auch verschiedene Begrifflichkeiten in der Fachliteratur zu finden. Hierzu zählen Grenzkostenrechnung, Direct Costing, Marginal Costing, Proportionalkostenrechnung und Deckungsbeitragsrechnung sowie Fixkostendeckungsrechnung und Grenzplankostenrechnung.[255] Das gemeinsame Merkmal aller Ausprägungen ist jedoch die Aufspaltung in fixe und variable Kosten.[256]

In diesem Zusammenhang wird deutlich, dass bei der Beschreibung der Kostenspaltung in der Literatur entweder von variablen und fixen oder von beschäftigungsvariablen und beschäftigungsfixen Kosten gesprochen wird. Hummel und Männel machen in ihren Ausführungen deutlich, dass sowohl in der Theorie als auch in der Praxis oft die Bezeichnungen variabel und fix benutzt werden.[257] Richtiger wäre allerdings, dass in der Teilkostenrechnung mit der Berücksichtigung der Beschäftigung die Gesamtkosten in fixe und proportionale[258] Kosten getrennt werden.[259] Proportionale Kosten sind nicht identisch mit den variablen Kosten, sondern stellen einen Spezialfall dar.[260] Hummel und Männel machen zudem auch deutlich, dass im praktischen Sprachgebrauch kein deutlicher Unterschied zwischen dem Oberbegriff variable Kosten und dem Spezialbegriff proportionale Kosten vorgenommen wird. Das bedeutet, dass oft von den variablen Kosten gesprochen wird, aber eigentlich linear variable bzw. proportionale Kosten gemeint sind.[261] Mit der Ausführung von Schierenbeck, der besagt, dass aufgrund eines linearen Gesamtkostenverlaufs die variablen Kosten im System der Grenzkostenrechnung als proportionale Kosten interpretiert werden und diese Aussage begründet, werden die Ausführungen von Hummel und Männel unterstützt.[262]

Des Weiteren verdeutlichen Hummel und Männel in ihren Ausführungen, dass zur Vermeidung von Missverständnissen immer die Kosteneinflussgröße eindeutig mit angegeben

---

[252] Vgl. Schweitzer und Küpper (2008, S. 64) sowie Hummel und Männel (1986, S. 51 f.).

[253] Vgl. Hummel und Männel (1986, S. 51 f.) sowie Coenenberg (2009).

[254] Vgl. Schweitzer und Küpper (2008, S. 398).

[255] Vgl. Kilger (1987, S. 296 f.) sowie Kilger (2007, S. 70 f.), Haberstock (2008, S. 179), Schierenbeck (2008), Hummel und Männel (1986, S. 51), Hummel und Männel (1983, S. 39 f.).

[256] Vgl. Hummel und Männel (1986, S. 51).

[257] Vgl. Hummel und Männel (1986, S. 101).

[258] Proportionale Kosten sind Kosten, die sich in Bezug auf eine bestimmte Kosteneinflussgröße proportional verhalten, für die sich also ein linearer Gesamtkostenverlauf in Abhängigkeit von der betreffenden Bezugsgröße ergibt (Hummel und Männel 1983, S. 179).

[259] Vgl. Hummel und Männel (1986, S. 51).

[260] Vgl. Hummel und Männel (1983, S. 179).

[261] Vgl. Hummel und Männel (1986, S. 103).

[262] Vgl. Schierenbeck (2008).

werden sollte.[263] Zudem machen sie deutlich, dass der Zusatz besonders bei der Kosten-einflussgröße Beschäftigung oft weggelassen wird. Hentze und Kehres unterstützen die Aussage, indem sie diese generalisieren und festlegen, dass ohne die gesonderte Angabe einer Kosteneinflussgröße bei variablen und fixen Kosten grundsätzlich beschäftigungsva-riable und beschäftigungsfixe Kosten gemeint sind.[264]

Nach den Autoren Schweitzer und Küpper stellt die Beschäftigung in der Kosten- und Erlösrechnung die wichtigste Kosteneinflussgröße dar.[265] Die Beschäftigung[266] kann an der Leistungsmenge bzw. Ausbringungsmenge oder Fertigungszeiten gemessen werden.[267] Nach den Ausführungen von Hildebrand lässt sich schlussfolgern, dass die Beschäftigung sich auch im Krankenhaus messen lässt.[268] Denn nach Hildebrand werden die Kosten im Krankenhaus insbesondere von der Kosteneinflussgröße Beschäftigungsgrad[269] beein-flusst.[270] Hildebrand macht zudem deutlich, dass gerade im Krankenhaus, wo ein sehr hoher Fixkostenanteil besteht, besonders die Abhängigkeit der Kosten von der Leistungs-menge ernst genommen werden sollte. Denn variable Kosten ändern sich mit der Leis-tungsmenge, während fixe Kosten unabhängig von der Leistungsmenge sind.[271] In diesem Zusammenhang machen Hummel und Männel deutlich, dass für die Differenzierung zwi-schen beschäftigungsvariablen und beschäftigungsfixen Kosten der Unterschied zwischen Kapazität und Beschäftigung von Bedeutung ist. Demnach werden beschäftigungsvariable Kosten auch als leistungsabhängige Kosten bezeichnet, die sich in der Höhe quasi automa-tisch mit der Zunahme und dem Rückgang der Beschäftigung verändern. Dazu müssen die vorhandenen Kapazitäten gleichbleiben. Somit ändern sich diese Leistungskosten zwangs-läufig und direkt, wenn sich Änderungen des Beschäftigungsgrades ergeben. Die beschäf-tigungsfixen Kosten sind dagegen leistungsunabhängig. Das bedeutet, dass diese Kosten nicht durch sogenannte Beschäftigungsschwankungen beeinflusst werden. Präziser gesagt heißt das, dass solange die Kapazität und Betriebsbereitschaft des Unternehmens nicht

---

[263] Vgl. Hummel und Männel (1986, S. 101).

[264] Vgl. Hentze und Kehres (2008, S. 27).

[265] Vgl. Schweitzer und Küpper (2008, S. 64).

[266] Unter Beschäftigung ist in der Betriebswirtschaftslehre die Ausnutzung oder der Ausnutzungs-grad der Kapazität von Anlagen, Kostenstellen, Unternehmensbereichen oder des Unternehmens insgesamt gemeint (vgl. Hummel und Männel 1986, S. 101). Dabei zeigt die Beschäftigung die in einer Periode realisierten bzw. zu realisierenden Leistungen auf (vgl. Schweitzer und Küpper 2008, S. 64).

[267] Vgl. Hummel und Männel (1986, S. 101) sowie Schweitzer und Küpper (2008, S. 64).

[268] Vgl. Hildebrand(1988, S. 424 ff.).

[269] Vgl. Hildebrand(1988, S. 424).

[270] Neben der Kosteneinflussgröße gibt es aber auch Kosteneinflussgrößen, wie beispielsweise die Verweildauer, das Patientenaufkommen und Veränderungen in Diagnostik und Therapie, sowie un-terschiedliche Produktivität und Wirtschaftlichkeit. Zudem zählen u. a. auch die Fächerzahl und deren tatsächliches Leistungsspektrum und das Alter, die Ausstattung und Größe des Krankenhau-ses zu weiteren Einflussgrößen. In dieser Arbeit wird nur die Kosteneinflussgröße Beschäftigung in Betracht gezogen (vgl. Hildebrand 1988, S. 424 f.).

[271] Vgl. Hildebrand (1988, S. 426).

verändert werden, diese Kosten gleich bleiben, auch wenn innerhalb einer Periode überhaupt keine Leistungen erstellt werden.[272] Zusammenfassend lässt sich feststellen, dass in der Teilkostenrechnung zwischen beschäftigungsvariablen und beschäftigungsfixen Kosten differenziert wird[273] und ausschließlich die beschäftigungsvariablen Kosten zugerechnet werden.[274] Im Zusammenhang mit der Berechnung der Teilkosten unter Berücksichtigung der Beschäftigung werden aus Vereinfachungsgründen die Begriffe variable und fixe Kosten verwendet.

Bei der Zuordnung der Instandhaltungskosten in fixe oder variable Kosten ist auffällig, dass für diese in der Literatur keine eindeutigen Ansichten zu finden ist. So vertreten Hummel und Männel die Ansicht, dass Instandhaltungskosten sowohl fixe als auch variable Bestandteile aufweisen können und sie daher zu den Mischkosten zählen.[275] Engelke und Riefenstahl hingegen sehen die Instandhaltungskosten als fix an.[276] Kilger verdeutlicht die Problematik der Unterteilung in fixe und variable Kosten. Er weist darauf hin, dass die Abhängigkeit der Kosten von der Beschäftigung erst in der Kostenstellenrechnung beurteilt werden kann, da die fixen und variablen Bestandteile nur in Verbindung mit den Beschäftigungsmaßstäben einzelner Kostenstellen gelten. Zudem macht er deutlich, dass es in vielen Fällen bei der Innerbetrieblichen Leistungsverrechnung vorkommt, dass die variablen Kosten der sekundären Stellen auf den empfangenden Stellen zu fixen Kosten werden. So wird in der empfangenden Kostenstelle ein Teil der Kosten den fixen Kosten zugeordnet, da ein Teil der Leistungen beispielsweise auf beschäftigungsunabhängige Wartungsarbeiten entfällt.[277] Die Instandhaltungskosten werden als fixe Kosten definiert – entsprechend der Auffassung von Engelke und Riefenstahl.

Die Trennung in fixe und variable Kosten ist relevant für die folgenden Abschnitte zur Berechnung der Verrechnungspreise auf Grundlage der Vollen Teilkosten-, der Einfachen Teilkosten-, der Einfachen Grenzkosten- und der Grenzkosten-Plus-Methode. Die Aufspaltung nach Einzel- und Gemeinkosten betrifft hingegen nur die Einzelkostenmethode. Daher wird dieses Kriterium Kostenausspaltung erst im entsprechenden Abschnitt erläutert.

3.3.3.2.1 Volle Teilkostenmethode
Im Rahmen der Vollen Teilkostenmethoden werden zur Verrechnungspreisbildung die variablen Personal- und Sachkosten herangezogen.[278] Da bei dieser Methode nur eine Kostenkategorie verwendet wird, muss eine Kostenaufspaltung erfolgen.[279] Diese erfolgt in den verschieden Rechenmethoden aufgrund verschiedener Annahmen. Somit werden am

[272] Vgl. Hummel und Männel (1986, S. 102).
[273] Vgl. Hummel und Männel (1986, S. 51 und S. 101).
[274] Vgl. Schweitzer und Küpper (2008, S. 64).
[275] Vgl. Hummel und Männel (1983, S. 58 ff.).
[276] Vgl. Engelke und Riefenstahl (1985, S. 334) zitiert bei: Hildebrand (1988, S. 426).
[277] Vgl. Kilger (1987, S. 78).
[278] Vgl. Zapp (2009).
[279] Vgl. Hummel und Männel (1986, S. 49).

Tab. 3.21 Rechenmethoden der Vollen Teilkostenmethode (eigene Darstellung, Datenquelle: Zapp 2009, S. 93)

Variable Personalkosten Variable Sachkosten	Rechenmethode I: Kombinierte Äquivalenzziffernkalkulation anhand von GOÄ-Punkten und 1,2-Faktor (Kostenaufspaltung unter der Annahme, Personalkosten sind fixe Kosten und Sachkosten sind variable Kosten)
	Rechenmethode II: Kombinierte Äquivalenzziffernkalkulation anhand von GOÄ-Punkten und 1,2-Faktor (Kostenspaltung nach Engelke und Riefenstahl)
	Rechenmethode III: Kombinierte Äquivalenzziffernkalkulation anhand von GOÄ-Punkten und 1,2-Faktor (Kostenspaltung: Rufbereitschaftskosten des Instituts als variable Personalkosten)
	Rechenmethode IV: Kombinierte Äquivalenzziffernkalkulation anhand von GOÄ-Punkten und 1,2-Faktor unter Berücksichtigung von kalkulatorischen Personalkosten (Kostenspaltung nach Engelke und Riefenstahl)

Anfang dieses Abschnitts die Kosten, die den Rechenmethoden zu Grunde liegen, nicht vorgestellt. Die Rechenmethoden, die zur Vollen Teilkostenmethode entwickelt wurden, sind der Tab. 3.21 zu entnehmen.

Die Kostenaufspaltung kann anhand von drei verschiedenen Verfahren erfolgen. Diese sind das buchtechnische, das mathematische und das planmäßige Verfahren.[280] In diesem Abschnitt wird das buchtechnische Verfahren angewendet. Bei diesem werden Erfahrungen der Vergangenheit zur Kostenaufspaltung herangezogen.[281] Das mathematische Verfahren wird im Abschnitt Grenzkostenmethoden dargestellt und angewendet. Das planmäßige Verfahren, welches auf Kilger zurück geht, findet in dieser Untersuchung keine Berücksichtigung.

Sofern die Kostenstruktur von Krankenhäusern betrachtet wird, lässt sich feststellen, dass rd. 75 % Kosten den fixen und rd. 25 % den variablen Kosten zuzuordnen sind.[282] Ein ähnliches Verhältnis weisen die Personalkosten zu den Sachkosten in der Radiologie auf.[283] In diesem Zusammenhang liegt die Annahme für die Rechenmethode I begründet. In dieser werden Personalkosten als fixe Kosten und Sachkosten als variable Kosten angesehen. Des Weiteren kann diese Annahme mit dem Sachverhalt begründet werden, dass Mischkosten in der Praxis aus Vereinfachungsgründen z. T. einer Kostenkategorie zugeordnet werden. Dabei werden Ungenauigkeiten in der Zuordnung bewusst hingenommen.[284] Mischkosten werden dabei der Kostenkategorie zugeordnet, deren Charakter diese eher

[280] Vgl. Schweitzer und Küpper (2008, S. 400).
[281] Vgl. Schweitzer und Küpper (2008, S. 400) sowie Coenenberg (2009).
[282] Vgl. Schmidt-Rettig und Westphely (1992, S. 1183).
[283] Das Verhältnis von Personal- zu Sachkosten ist 72 % zu 28 %.
[284] Vgl. Coenenberg (2009).

Sachkosten (variabel):	2.209.087
Gesamtkosten:	2.209.087
Gesamtleistung:	152.440.000 in gewichteten GOÄ-Punkten

$$\frac{2.209.087}{152.440.000} = \mathbf{1{,}449} \quad \text{Cent/Punkt}$$

Leistung	ÄZ	Punkt-wert	Verrech-nungspreis (ÄZ*PW)	Leistungs-menge	Gesamtkosten je Leistung (VP*LM)
9 Strahlendiagnostik (ambulant)	400	1,449	5,80 €	445	2.579,49 €
9 Strahlendiagnostik (stationär)	480	1,449	6,96 €	279	1.940,70 €
12 Angiografie (ambulant)	1600	1,449	23,19 €	12	278,24 €
12 Angiografie (stationär)	1920	1,449	27,82 €	19	528,65 €
13 CT (ambulant)	1900	1,449	27,53 €	689	18.970,85 €
13 CT (stationär)	2280	1,449	33,04 €	660	21.806,84 €
14 MRT (ambulant)	4200	1,449	60,86 €	33	2.008,52 €
14 MRT (stationär)	5040	1,449	73,04 €	741	54.120,60 €

Abb. 3.11 Rechenmethode I der Vollen Teilkostenmethode (eigene Darstellung), Rundungsdifferenzen ergeben sich durch einen gerundeten Punktwert

entsprechen.[285] Nach Engelke und Riefenstahl sind 98 % der Personalkosten als fixe Kosten anzusehen,[286] denn es besteht nur eine geringe Verbindung zwischen den Personalkosten und der Anzahl der Leistungen.[287] Der Großteil der Sachkosten hingegen kann den variablen Kosten zugerechnet werden.[288] Der medizinische Sachbedarf macht 86 % der Sachkosten der Radiologie des Modellkrankenhauses aus. Nach Engelke und Riefenstahl sind 95 % dieser Kosten als variable Kosten anzusehen.[289] Die Anwendung der Rechenmethode I ist der Abb. 3.11 zu entnehmen.

In der Rechenmethode II wird versucht, die hingenommenen Ungenauigkeiten der Rechenmethode I zu verringern. Hierzu werden die von Engelke und Riefenstahl entwickelten

---

[285] Vgl. Schweitzer und Küpper (2008, S. 400).

[286] Vgl. Engelke und Riefenstahl. (1985, S. 334 zitiert bei: Hildebrand 1988, S. 426).

[287] Vgl. Hildebrand (1988, S. 426).

[288] Vgl. Engelke und Riefenstahl (1985, S. 334, zitiert bei: Hildebrand 1988, S. 426).

[289] Vgl. Engelke und Riefenstahl (1985, S. 334, zitiert bei: Hildebrand 1988, S. 426).

Tab. 3.22 Kostenspaltung nach Engelke und Riefenstahl (modifiziert nach Engelke und Riefenstahl 1986, S. 334)

Kostenart	fix		variabel	
	%	absolut	%	absolut
Personalkosten	98	2.900.800 €	2	59.200 €
Lebensmittel (Patienten)	0	0 €	100	0 €
Medizinischer Bedarf	5	91.742 €	95	1.743.094 €
Wasser, Energie, Brennstoffe	95	65.633 €	5	3454 €
Wirtschaftsbedarf	80	30.987 €	20	7747 €
Verwaltungsbedarf	100	254.018 €	0	0 €
Gebrauchsgüter	100	2140 €	0	0 €
Sonstige Kosten	100	9844 €	0	0 €
Sachkosten (gesamt)		454.364 €		1.754.295 €

Erkenntnisse zur Kostenaufspaltung herangezogen.[290] Diese werden in der Tab. 3.22 auf die Personal- und Sachkosten des Instituts angewendet.

Mit wenigen Ausnahmen wurden die Konten entsprechend ihrer Kontengruppe den Kostenarten der Tab. 3.22 zugeordnet. Die Kosten der Kostenartengruppe 65 beinhalten Lebensmittel und bezogene Leistungen. Die Kontenbezeichnungen des Modellkrankenhauses lassen keine eindeutige Zuordnung nach Lebensmitteln oder bezogenen Leistungen zu. Zudem ist anzunehmen, dass die Lebensmittel nicht in enger Verbindung zur Anzahl der Leistungen stehen. Dieses liegt darin begründet, dass der Radiologie des Modellkrankenhauses keine stationären Fälle zugerechnet werden und bei einer ambulanten Versorgung eher keine Verköstigung stattfindet. Daher wurde die Kostenartengruppe 65 der Kostenart Verwaltungsbedarf zugeordnet und nicht den Lebensmitteln. Ebenso wurde das Konto 666610 Medizinische Bücher dem Verwaltungsbedarf zugerechnet, da die Kosten für Bücher nicht beschäftigungsabhängig sind. In der Abb. 3.12 ist die Rechenmethode II, die die Kostenaufspaltung nach Engelke und Riefenstahl berücksichtigt, dargestellt.

Die Daten von Engelke und Riefenstahl stammen aus dem Jahr 1986 und sind somit über 25 Jahre alt.[291] Daher wurde es als notwendig angesehen, die Aktualität dieser Angaben zu überprüfen. Die Personalkosten Rufbereitschaft und Überstunden haben einen variablen Charakter.[292] Die Vergütung von Rufbereitschaft setzt sich allerdings aus zwei Bestandteilen zusammen. Mitarbeiter erhalten für die Ableistung des Rufbereitschaftsdienstes eine Pauschale. Sofern eine Arbeitsleistung des Mitarbeiters im Rahmen der Rufbereitschaft erfolgt, wird diese separat vergütet.[293] Zu beachten ist daher, dass nur die Vergütung für

---

[290] Vgl. Engelke und Riefenstahl (1985, S. 334, zitiert bei: Hildebrand 1988, S. 426).
[291] Vgl. Engelke und Riefenstahl (1985, S. 334, zitiert bei: Hildebrand 1988, S. 426).
[292] Vgl. Hoppe (1999, S. 66).
[293] Vgl. Zepf und Gussone (2009, S. 138).

Personalkosten (variabel):   59.200
Sachkosten (variabel):   1.754.295
Gesamtkosten: 1.813.495

Gesamtleistung: 152.440.000   in gewichteten GOÄ-Punkten

$$\frac{1.813.495}{152.440.000} = \underline{1,190} \quad \text{Cent/Punkt}$$

Leistung	ÄZ	Punkt-wert	Verrech-nungspreis	Leistungs-menge	Gesamtkosten je Leistung
9 Strahlendiagnostik (ambulant)	400	1,19	4,76 €	445	2.117,57 €
9 Strahlendiagnostik (stationär)	480	1,19	5,71 €	279	1.593,17 €
12 Angiografie (ambulant)	1600	1,19	19,03 €	12	228,41 €
12 Angiografie (stationär)	1920	1,19	22,84 €	19	433,98 €
13 CT (ambulant)	1900	1,19	22,60 €	689	15.573,64 €
13 CT (stationär)	2280	1,19	27,12 €	660	17.901,78 €
14 MRT (ambulant)	4200	1,19	49,97 €	33	1.648,85 €
14 MRT (stationär)	5040	1,19	59,96 €	741	44.428,96 €

Abb. 3.12 Rechenmethode II der Vollen Teilkostenmethode (eigene Darstellung), Rundungsdiffe-renzen ergeben sich durch einen gerundeten Punktwert

die Arbeitsleistung im Rufbereitschaftsdienst den variablen Kosten zuzurechnen ist.[294] Die Kosten für die Inanspruchnahme der Rufbereitschaft belaufen sich in der Radiologie auf 72.732 €.[295] Dieses entspricht 2,5 % der gesamten Personalkosten. Abschließend lässt sich feststellen, dass die Trennung in variable und fixe Personalkosten nach Engelke und Riefenstahl nur gering (0,5 %) von der Kostenstruktur der Radiologie abweicht. Zur Vervollständigung liegt der Rechenmethode III die Personalkostenspaltung nach Modellkrankenhausdaten zu Grunde (Abb. 3.13).

Als letzte Rechenmethode zur Vollen Teilkostenrechnung soll in der Abb. 3.14 nochmals die Hinzunahme von kalkulatorischen Personalkosten dargestellt werden. Die Kostenaufspaltung der kalkulatorischen Personalkosten wurde anhand der Daten von Engelke und Riefenstahl vorgenommen.

---

[294] Vgl. Hoppe (1999, S. 66).
[295] Vgl. Tab. 3.17 und Tab. 3.20.

Personalkosten (variabel):   72.732
Sachkosten (variabel):   1.754.295
Gesamtkosten: 1.827.027

Gesamtleistung: 152.440.000   in gewichteten GOÄ-Punkten

$$\frac{1.827.027}{152.440.000} = \underline{1,199} \quad \text{Cent/Punkt}$$

Leistung	ÄZ	Punkt-wert	Verrech-nungspreis (ÄZ*PW)	Leistungs-menge	Gesamtkosten je Leistung (VP*LM)
9 Strahlendiagnostik (ambulant)	400	1,199	4,79 €	445	2.133,37 €
9 Strahlendiagnostik (stationär)	480	1,199	5,75 €	279	1.605,06 €
12 Angiografie (ambulant)	1600	1,199	19,18 €	12	230,12 €
12 Angiografie (stationär)	1920	1,199	23,01 €	19	437,22 €
13 CT (ambulant)	1900	1,199	22,77 €	689	15.689,85 €
13 CT (stationär)	2280	1,199	27,33 €	660	18.035,36 €
14 MRT (ambulant)	4200	1,199	50,34 €	741	37.300,40 €
14 MRT (stationär)	5040	1,199	60,41 €	33	1.993,38 €

Abb. 3.13 Rechenmethode III der Vollen Teilkostenmethode (eigene Darstellung), Rundungsdifferenzen ergeben sich durch einen gerundeten Punktwert

3.3.3.2.2 Einfache Teilkostenmethode

In der Einfachen Teilkostenmethode werden nicht alle Bestandteile der Kategorie variable Kosten berücksichtigt. Der Verrechnungsumfang dieser Methode beschränkt sich auf die variablen Sachkosten.[296] Eine Kostenaufspaltung nach der Annahme Personalkosten sind Fixkosten und Sachkosten sind variable Kosten, würde in dieser Methode zu dem gleichen Ergebnis führen, wie bei der Vollen Teilkostenmethode. Daher wird im Rahmen der Einfachen Teilkostenmethode nur eine Rechenmethode durchgeführt. Die Abb. 3.15 zeigt die kombinierte Äquivalenzziffernkalkulation anhand von GOÄ-Punkten und 1,2-Faktor. Die Kostenspaltung erfolgte mithilfe der Daten von Engelke und Riefenstahl.

3.3.3.2.3 Einfache Grenzkostenmethode

Mit dem Begriff Grenzkosten werden diejenigen Kosten bezeichnet, die zusätzlich entstehen bzw. entfallen, wenn die Ausbringungsmenge um eine Einheit erhöht bzw. vermin-

---

[296] Vgl. Zapp (2009).

Personalkosten (variabel):   59.200
Kalkultorische Personalkosten
                (variabel):   5.975
Sachkosten (variabel):   1.754.295
Gesamtkosten: 1.819.470

Gesamtleistung: 152.440.000   in gewichteten GOÄ-Punkten

$$\frac{1.819.470}{152.440.000} = \quad \mathbf{1{,}194} \quad \text{Cent/Punkt}$$

Leistung	ÄZ	Punkt-wert	Verrech-nungspreis (ÄZ*PW)	Leistungs-menge	Gesamtkosten je Leistung (VP* LM)
9 Strahlendiagnostik (ambulant)	400	1,194	4,77 €	445	2.124,55 €
9 Strahlendiagnostik (stationär)	480	1,194	5,73 €	279	1.598,42 €
12 Angiografie (ambulant)	1600	1,194	19,10 €	12	229,16 €
12 Angiografie (stationär)	1920	1,194	22,92 €	19	435,41 €
13 CT (ambulant)	1900	1,194	22,68 €	689	15.624,96 €
13 CT (stationär)	2280	1,194	27,21 €	660	17.960,76 €
14 MRT (ambulant)	4200	1,194	50,13 €	33	1.654,28 €
14 MRT (stationär)	5040	1,194	60,16 €	741	44.575,34 €

Abb. 3.14 Rechenmethode IV der Vollen Teilkostenmethode (eigene Darstellung), Rundungsdiffe-renzen ergeben sich durch einen gerundeten Punktwert

dert wird.[297] Hentze und Kehres definieren die Grenzkosten inhaltlich abweichend von Coenenberg. In ihren Ausführungen zu der Definition des Begriffes Grenzkosten machen sie aber darauf aufmerksam, dass in der praktischen Handhabung die Grenzkosten häufig gleichgesetzt werden mit den Differenzkosten. Die Differenzkosten sind das Ergebnis der Kostengegenüberstellung von den Kosten einer zusätzlich erzeugten Leistungsmenge mit den dadurch verursachten zusätzlichen Kosten.[298] Diese Definition entspricht der Grenzkostendefinition nach Coenenberg. Mathematisch betrachtet bedeutet dies, dass die Grenzkosten die Steigung der Gesamtkosten angeben. Bestimmt werden die Grenzkosten durch die erste Ableitung der Gesamtkostenfunktion.[299]

---

[297] Vgl. Coenenberg (2009).
[298] Vgl. Hentze und Kehres (2008, S. 28).
[299] Vgl. Schweitzer und Küpper (2008, S. 65) sowie Wöhe (2008).

Sachkosten (variabel): 1.754.295
Gesamtkosten: 1.754.295

Gesamtleistung: 152.440.000   in gewichteten GOÄ-Punkten

$$\frac{1.754.295}{152.440.000} = \underline{\mathbf{1,151}}\quad \text{Cent/Punkt}$$

Leistung	ÄZ	Punkt-wert	Verrech-nungspreis (ÄZ*PW)	Leistungs-menge	Gesamtkosten je Leistung (VP*LM)
9 Strahlendiagnostik (ambulant)	400	1,151	4,60 €	445	2.048,44 €
9 Strahlendiagnostik (stationär)	480	1,151	5,52 €	279	1.541,16 €
12 Angiografie (ambulant)	1600	1,151	18,41 €	12	220,96 €
12 Angiografie (stationär)	1920	1,151	22,10 €	19	419,82 €
13 CT (ambulant)	1900	1,151	21,87 €	689	15.065,26 €
13 CT (stationär)	2280	1,151	26,24 €	660	17.317,39 €
14 MRT (ambulant)	4200	1,151	48,33 €	33	1.595,02 €
14 MRT (stationär)	5040	1,151	58,00 €	741	42.978,62 €

Abb. 3.15 Rechenmethode der Einfachen Teilkostenmethode (eigene Darstellung), Rundungsdifferenzen ergeben sich durch einen gerundeten Punktwert

Somit rückt bei der Grenzkostenbetrachtung das Verursachungsprinzip im Rahmen der Kostenverteilung besonders in den Blickpunkt.[300] Hummel und Männel verweisen vom Verursachungsprinzip[301] auf das Marginalprinzip. Das Marginalprinzip wird dem Begriff der Grenzkosten gerechter, da dieses als spezielles Kostenzurechnungsprinzip den Grundsatz verfolgt, dass jedem Kalkulationsobjekt die von ihm zusätzlich ausgelösten Kosten zuzurechnen sind. Das bedeutet, dass einem einzelnen Kalkulationsobjekt genau die Kosten zugeschrieben werden, die nicht anfielen, wenn das betreffende Kalkulationsobjekt nicht produziert würde.[302] Bezogen auf das Krankenhaus, wären dass die Kosten, die durch eine einzelne Leistung zusätzlich ausgelöst würden.

Ist eine lineare Kostenfunktion gegeben, so sind die variablen Kosten je Beschäftigungseinheit konstant und somit identisch mit den Grenzkosten.[303] Das bedeutet, dass beim Vorliegen linearer Kostenfunktionen die Zurechnung der Teilkosten als variable Kosten pro

---

[300] Vgl. Coenenberg (2009).
[301] Vgl. Hummel und Männel (1986, S. 407).
[302] Vgl. Hummel und Männel (1986, S. 398).
[303] Vgl. Schweitzer und Küpper (2008, S. 65).

Stück einer Zurechnung von Grenzkosten gleicht.[304] Ergänzend ist beizufügen, dass nur unter der Annahme von linearen Kostenverläufen und gleichzeitig konstanten Kapazitäten, die Grenzkosten tatsächlich identisch mit den variablen Stückkosten sind. Allerdings wird gewöhnlich diese Identität[305] auch angenommen,[306] wenn die Gleichheit nicht vorhanden ist. Somit kann zusammenfassend gesagt werden, dass die Teilkostenrechnung auf der Basis von variablen Kosten unter der Voraussetzung, dass lineare Kostenverläufe vorliegen, den gleichen Charakter haben wie eine Grenzkostenrechnung.[307] Schweitzer und Küpper sehen diese Eigenschaft als bedeutend an, weil somit ein bestimmter konzeptioneller Ansatz verfolgt wird. So werden über die Trennung der Kosten unter Berücksichtigung der oder den als relevant angesehenen Einflussgrößen die Grenzkosten ermittelt. Die Grenzkosten stellen in vielen Fällen die maßgeblichen Informationen für die Entscheidungsfindung zur Verfügung.[308]

In Verbindung mit den variablen Stückkosten wird in der Literatur auch die kurzfristige Preisuntergrenze angesprochen.[309] Diese wird durch die variablen Stückkosten bzw. Grenzkosten ermittelt. Hintergrund der kurzfristigen Preisuntergrenze liegt in der Gedankenfolge, dass die Fixkosten unabhängig von den erbrachten Leistungen sowieso anfallen und dass diese bei einer kurzfristigen Verschlechterung der Nachfrage zumindest solange noch zur Deckung der fixen Kosten beitragen können, wie der erzielbare Preis über den variablen Kosten liegt. Somit ist die absolute kurzfristige Preisuntergrenze erst erreicht, wenn die kurzfristig erzielbaren Erlöse nur noch die variablen Kosten decken.[310] Sofern eine Preisgestaltung möglich ist, sollte diese somit unter den gesamten aber über den variablen Kosten pro Stück liegen, denn bei diesem Preis werden sowohl die variablen Kosten gedeckt, als dass auch ein Deckungsbeitrag entsteht, der für die nicht kurzfristig abbaubaren Fixkosten mindestens teilweise abdeckt.[311] Die kurzfristige Preisuntergrenze kann u. a. auch für die interne Preiskalkulation im Rahmen der Innerbetrieblichen Leistungsverrechnung in der Kostenstellenrechnung eingesetzt werden.[312] Somit bedeutet dies, dass die kurzfristige Preisuntergrenze für die Verrechnungspreisbildung durchaus sinnvoll sein kann.

---

[304] Vgl. Schweitzer und Küpper (2008, S. 65).

[305] Unterschiede zwischen Grenzkosten und variablen Stückkosten ergeben sich daher nur bei progressiven oder degressiven Kostenfunktionen oder dem Vorhandensein intervallfixer Kosten. In dieser Untersuchung wird auf diese Problematik nicht weiter eingegangen.

[306] Vgl. Coenenberg (2009).

[307] Vgl. Schweitzer und Küpper (2008, S. 65) sowie Haberstock (2008, S. 179).

[308] Vgl. Schweitzer und Küpper (2008, S. 65).

[309] Vgl. Schweitzer und Küpper (2008, S. 31 f.) sowie Coenenberg (2009), Wöhe (2008), Schierenbeck (2008), Däumler und Grabe (2008).

[310] Vgl. Schierenbeck (2008).

[311] Vgl. Däumler und Grabe (2008).

[312] Vgl. Schweitzer und Küpper (2008, S. 32).

Lineare Kostenfunktion	=	Fixe Gesamtkosten	+	Variable Stückkosten	*	Leistungen
K(x)	=	K_f	+	k_v	*	x

Abb. 3.16 Lineare Gesamtkostenfunktion (Modifiziert nach Wöhe 2008 sowie Coenenberg 2009)

In der praktischen Anwendung der Einfachen Grenzkostenmethode erfolgt eine Kostenauflösung in fixe und variable Kosten nach dem Verfahren der mathematischen Kostenauflösung,[313] das heißt der ersten Ableitung der linearen Kostenfunktion.[314]

Zur Berechnung der Grenzkosten wird zunächst die lineare Gesamtkostenfunktion aufgestellt. Die lineare Gesamtkostenfunktion bzw. die Grenzkostenfunktion beruht auf der Gutenberg-Produktionsfunktion.[315] Die lineare Gesamtkostenfunktion ist der Abb. 3.16 zu entnehmen.

Wie aus der Abb. 3.16 ersichtlich ist, ergibt die Aufteilung der linearen Funktion die Konstante als fixen Teil und den zweiten Term als variablen Teil. Bevor die Grenzkostenfunktion gebildet wird, werden zunächst die Stückkosten oder Durchschnittskosten pro Leistung ermittelt.[316] Die Grenzkostenfunktion ergibt sich, wie bereits erläutert, indem die erste Ableitung der Gesamtkostenfunktion bzw. die erste Ableitung der Durchschnittskostenfunktion gebildet wird.[317] Somit ist ersichtlich, dass die variablen Stückkosten bei linearen Kostenverläufen prinzipiell mit den Grenzkosten identisch und ebenfalls konstant sind. In der Formel zur Ermittlung der variablen Stückkosten, lässt sich dies nochmals verdeutlichen.

Wöhe verdeutlicht die Tatsache, dass die Grenzkosten bei einer proportionalen linearen Gesamtkostenfunktion den variablen Stückkosten entsprechen, wie folgt (Abb. 3.18).[318]

Abschließend lässt sich feststellen, dass in der Radiologie die Grenzkosten von 0,0119 € ausdrücken, dass 0,0119 € zusätzlich entstehen bzw. entfallen, wenn die Gesamtleistung um eine Einheit erhöht bzw. vermindert wird.[319] Bei dem Grenzkostenbetrag von 0,0119 €, der auch den variablen Stückkosten entspricht, wird mit Blick auf die Teilkostenmethoden deutlich, dass dieser Grenzkostenbetrag den Punktwert der Vollen Teilkostenmethode II[320] darstellt. Somit kann abschließend zu der Rechenmethode gesagt werden, dass die Grenz-

---

[313] Coenenberg macht deutlich, dass bei linearen Kostenfunktionen eine Kostenauflösung auch mit der planmäßigen, analytischen Methode durchgeführt werden könnte (vgl. Coenenberg 2009). Diese wurde in dieser Ausarbeitung aber nicht gewählt.

[314] Vgl. Schweitzer und Küpper (2008, S. 401) sowie Coenenberg (2009).

[315] Siehe dazu auch Coenenberg (2009) sowie Schierenbeck (2008), Haberstock (2008, S. 37 f.). In dieser Untersuchung wird die Gutenberg-Produktionsfunktion nicht näher erläutert.

[316] Vgl. Coenenberg (2009).

[317] Vgl. Coenenberg (2009) sowie Wöhe (2008).

[318] Vgl. Wöhe (2008).

[319] Vgl. Coenenberg (2009).

[320] Vgl. Abschn. 3.3.3.2.1.

Abb. 3.17 Rechenmethode der Einfachen Grenzkostenrechnung[324] (eigene Darstellung nach Coenenberg 2009)

K_f : 4.053.592
K_v : 1.813.495
k_v : 0,0119
x : 152.440.000 in gewichteten GOÄ-Punkten

Lineare Gesamtkostenfunktion
$$K(x) = 4.053.592 + 0,0119\,x$$

Ermittlung der Durchschnittkosten
$$\frac{K(x)}{x} = \frac{K_f}{x} + k_v$$

$$\frac{K(x)}{x} = \frac{4.053.592}{152.440.000} + 0,0119$$

Grenzkostenfunktion
$$K' = k_v$$

$$K' = 0,0119$$

Ermittlung der variablen Stückkosten

$$\frac{K_v(x)}{x} = \frac{k_v * x}{x} = k_v$$

$$\frac{K_v(x)}{x} = \frac{0,0119 * x}{x} = 0,0119$$

kostenrechnung sich im Vergleich zu den Teilkostenmethoden allein nur in der Art der Kostenaufspaltung unterscheidet und somit eine andere Erscheinungsform von Teilkostenrechnungen darstellt.[321]

Der Verrechnungspreis für das Einheitsprodukt GOÄ-Punkt beläuft sich somit auf 0,0119 €. Neben den Grenzkosten, die in den Verrechnungspreisen berücksichtigt sind, werden den Fachabteilungen periodisch die von ihnen zu tragenden Fixkosten aufgezeigt. Die Fixkosten der Radiologie sind dabei ein Bestandteil der gesamten Fixkosten des Krankenhauses, die einer Fachabteilung aufgezeigt werden. Eine separate Darstellung der Fixkosten der Radiologie erfolgt nicht.[322] Die Erfolgsrechnung, die in den Fachabteilungen aufgrund der Verrechnungspreisbildung nach der Einfachen Grenzkostenmethode (Abb. 3.17) erfolgt, ist die einstufige Deckungsbeitragsrechnung.[323]

---

[321] Vgl. Schweitzer und Küpper (2008, S. 64).
[322] Vgl. Hoppe (1999, S. 64).
[323] Vgl. Hummel und Männel (1986, S. 51) sowie Wöhe (2008), Coenenberg (2009).
[324] Vgl. auch Anhang Nr. 4.

3.3.3.2.4 Grenzkosten-Plus-Methode

Die Grenzkosten-Plus-Methode unterscheidet sich von der Einfachen Grenzkostenmethode in der Art und Weise, wie den Fachabteilungen die Fixkosten aufgezeigt werden. Der Verrechnungspreis für das Einheitsprodukt verändert sich gegenüber der Einfachen Grenzkostenmethode nicht.[325]

Neben dem Verrechnungspreis in Höhe der Grenzkosten werden im Rahmen der Grenzkosten-Plus-Methode zusätzlich proportionalisierte Stückfixkosten verrechnet.[326] Proportionale Kosten verhalten sich entsprechend der Beschäftigung eines Krankenhauses.[327] Fixkosten sind dementsprechend keine proportionalen Kosten.[328] Dennoch berechnet man auf Grundlage der Gesamtleistung und der gesamten Fixkosten die Stückfixkosten, diese werden somit proportionalisiert. Die Stückfixkosten in der Radiologie belaufen sich auf 2,659 Cent je GOÄ-Punkt. Würde sich allerdings einer der genannten Komponenten verändern, zöge das eine Änderung der Stückfixkosten nach sich. Dieser Zusammenhang wird aber nicht berücksichtigt. Die Fachabteilungen werden somit neben den Verrechnungspreisen für die jeweils erhaltenen Leitungen periodisch mit anteiligen Fixkosten belastet.[329] In der Erfolgsrechnung der jeweiligen Fachabteilungen wird der Fixkostenblock der medizinischen Dienstleister separat aufgeführt und ist somit kein Bestandteil des gesamten Fixkostenblocks des Krankenhauses. Zu beachten ist, dass der Fixkostenblock durch das Anforderungsverhalten der Fachabteilung nicht beeinflussbar ist.[330] Daher ist der Fixkostenblock aufgrund der geplanten Leistungsmenge und der proportionalisierten Stückfixkosten zu berechnen.[331] Die Erfolgsrechnung, die in der Fachabteilung aufgrund der Verrechnungspreisbildung nach der Grenzkosten-Plus-Methode erfolgt, ist die mehrstufige Deckungsbeitragsrechnung bzw. stufenweise Fixkostendeckungsrechnung.[332]

Grenzkosten-funktion	$=$	Durchschnittskosten / Durchschnittsmenge	$=$	Variable Stückkosten
$K(x)$	$=$	$\dfrac{dK}{dm}$	$=$	k_v

Abb. 3.18 Grenzkostenfunktion nach Wöhe (eigene Darstellung nach Wöhe 2008)

---

[325] Vgl. Hoppe (1999, S. 64).

[326] Vgl. Zapp (2009, S. 93).

[327] Vgl. Hummel und Männel (1986, S. 103).

[328] Vgl. Schweitzer und Küpper (2008, S. 400).

[329] Vgl. Hoppe (1999, S. 64).

[330] Vgl. Hoppe (1999, S. 63) sowie Coenenberg (2009).

[331] Vgl. Coenenberg (2009).

[332] Vgl. Hummel und Männel (1986, S. 51) sowie Wöhe (2008), Coenenberg (2009).

3.3.3.2.5 Einzelkostenmethode

In der Einzelkostenmethode wird eine Verrechnung von Preisen auf Basis relativer Einzelkosten vorgenommen.[333] Im Folgenden wird diese Methode näher erläutert.

Wie bereits schon im Abschn. 3.3.3.2 erwähnt wurde, ist eine Erscheinungsform der Teilkostenrechnung die Teilkostenrechnung auf der Basis von relativen Einzelkosten.[334] Diese Rechnung geht auf Riebel zurück, der die sogenannte Einzelkosten- und Deckungsbeitragsrechnung entwickelt hat.[335] Genau wie in den anderen Teilkostenmethoden findet auch hier eine Aufspaltung der Gesamtkosten statt und es wird nur eine Kategorie bis auf die Kostenträger weiterverrechnet.[336] Das maßgebliche Kriterium ist hier die eindeutige Zurechenbarkeit. Das bedeutet, dass die direkte Zurechenbarkeit als Kriterium für die Kostenaufspaltung benutzt wird.[337] Somit ergibt sich eine Differenzierung von relativen Einzel- und Gemeinkosten.[338] Im Folgenden wird darauf näher eingegangen.

Neben dem Kriterium der Zurechenbarkeit wird in diesem Zusammenhang auch das Identitätsprinzip als Grundlage dieses Kostenrechnungssystems genannt.[339] Das Identitätsprinzip als ein spezielles Kostenzurechnungsprinzip rechnet einem bestimmten Kalkulationsobjekt bestimmte Kosten als Einzelkosten zu. Dabei ist die Entstehung der Einzelkosten auf dieselbe Entscheidung zu schließen wie das Kalkulationsobjekt selbst.[340] Das Kalkulationsobjekt wird nach Riebel auch als Bezugsgröße bezeichnet und kann beispielsweise im Vertriebsbereich Kundenbesuche, Kunden, Kundenaufträge oder Kundengruppen darstellen.[341] Demnach sind im Krankenhaus Bezugsgrößen u. a. die Einzelleistung oder Leistungsgesamtheiten. Allgemein ausgedrückt fordert das Identitätsprinzip, dass nur solche Größen einander zugeordnet werden, für die sich ein identischer bestimmter Ursprung aufzeigen lässt. So sind einer bestimmten Leistung allein die Kosten zuzurechnen, die von der Entscheidung genau diese Leistung zu erstellen, zusätzlich ausgelöst wurden.[342] Riebel macht in seinen Ausführungen deutlich, dass er sich am extremsten von den traditionellen Interpretationen des Verursachungsprinzips löst, ohne allerdings das Verursachungsdenken zu vernachlässigen.[343] Er beweist, dass Kausalprozesse sich ganz unterschiedlich ereignen und eine andere Relevanz für die Kostenrechnung aufweisen[344] als die gängigen Erläuterungen zum Verursachungsprinzip unterstellen.[345] Das bedeutet, dass

---

[333] Vgl. Zapp (2009, S. 93).

[334] Vgl. Schweitzer und Küpper (2008, S. 64).

[335] Vgl. Riebel (1990, S. 35 ff.).

[336] Vgl. Schweitzer und Küpper (2008, S. 64) sowie Hummel und Männel (1986, S. 43 f.).

[337] Vgl. Schweitzer und Küpper (2008, S. 64 f.).

[338] Vgl. Coenenberg (2009).

[339] Vgl. Haberstock, L. (2008, S. 180) sowie Coenenberg (2009), Kilger (2007, S. 82).

[340] Vgl. Hummel und Männel (1986, S. 388 f.) sowie Coenenberg (2009).

[341] Vgl. Riebel (1990, S. 37).

[342] Vgl. Hummel und Männel (1986, S. 388 f.).

[343] Vgl. Hummel und Männel (1986, S. 56) sowie Coenenberg (2009).

[344] Vgl. Riebel (1990, S. 37 f.).

[345] Vgl. Hummel und Männel (1986, S. 56).

nach der Auffassung von Riebel zwischen Kosten und Leistungen keine Ursache-Wirkungs-Beziehungen bestehen, sondern dass Kosten und Leistungen eher gekoppelte Wirkungen einer ganz anderen Ursache sind. Dabei ist die Ursache die Entscheidung, die zum einen den Güterverbrauch und zum anderen die Leistungsentstehung auslöst.[346] Somit lässt sich zusammenfassend sagen, dass Kosten und Leistungen gekoppelte Wirkungen derselben bzw. identischen Entscheidung sind. Die Begründung für die Zurechnung bringt die sogenannte Verklammerung von Kosten und Leistungen über einen nachweisbaren dispositiven Ursprung hervor. Für die Anwendung bedeutet dies, dass für die Zurechnung von bestimmten Kosten zu einer bestimmten Bezugsgröße der Nachweis durchgeführt werden muss, dass sowohl die Existenz von Kosten und Bezugsgröße durch die dieselbe Entscheidung entstanden sind als auch beide auf diese auslösende Entscheidung gedanklich zurückführbar sind.[347] Zusammenfassend schließen die Autoren aus dem Identitätsprinzip, dass weder Kosteneinflussgrößen noch Leistungen Kosten verursachen, sondern, dass Entscheidungen sowohl die Kosteneinflussgrößen als auch die Leistungen beeinflussen.

Die Begriffe Einzelkosten und Gemeinkosten werden damit relativiert, das heißt sie beziehen sich nunmehr auf die jeweilige Bezugsgröße.[348] Allgemein sind Einzelkosten die Kosten, die der jeweils betrachteten Bezugsgröße eindeutig zugerechnet werden können. Dagegen sind Kosten, die sich einer Bezugsgröße nicht eindeutig zurechnen lassen, innerhalb dieses Beziehungsverhältnisses Gemeinkosten. Dennoch sind sie zugleich allerdings Einzelkosten jener übergeordneten Gesamtheit von Bezugsgrößen, denen sie gemeinsam zurechenbar sind.[349] Verdeutlicht wird dies in den Ausführungen von Riebel, die besagen, dass sich eine Hierarchie von Bezugsgrößen aufbauen lässt, bei der jede Kostenart eines Unternehmens an irgendeiner Stelle als Einzelkosten erfasst werden kann. Somit sind in einer Bezugsgrößenhierarchie die Einzelkosten der übergeordneten Bezugsgröße die Gemeinkosten der untergeordneten Bezugsgröße und stellen unechte Gemeinkosten dar.[350] Damit erfolgt die Zurechnung der Kosten nicht nur auf Kostenträger, sondern auch auf andere Bezugsobjekte.[351] Jede Kostenart ist demzufolge mindestens einem Kalkulationsobjekt direkt zurechenbar. Aufgrund dessen können unter der Voraussetzung, dass das Kalkulationsobjekt das Gesamtunternehmen ist, alle Kosten als Einzelkosten erfasst werden.[352] Auf eine Schlüsselung von nicht direkt zurechenbaren Kosten wird in diesem System also völlig verzichtet.[353]

Riebel verdeutlicht, dass sich bei der Betrachtung von Kosten und Leistungen, sich zwischen diesen eine große Anzahl von Faktoren einfügen, „die direkt mit der Kostenhöhe in Verbindung stehen und die als Bezugsgrößen für die Auswertung der Kostenrechnung

---

[346] Vgl. Riebel (1990, S. 37 f.).

[347] Vgl. Hummel und Männel (1986, S. 56).

[348] Vgl. Wöhe (2008) sowie Coenenberg (2009), Schierenbeck (2008).

[349] Vgl. Hummel und Männel (1986, S. 99) sowie Coenenberg (2009), Schierenbeck (2008).

[350] Vgl. Riebel (1990, S. 37).

[351] Vgl. Haberstock (2008, S. 180) sowie Kilger (2007, S. 83).

[352] Vgl. Hummel und Männel (1983, S. 61).

[353] Vgl. Schweitzer und Küpper (2008, S. 65) sowie Schierenbeck (2008).

weit wichtiger sein können, als die mehr oder weniger fragwürdige Zurechnung auf die Endleistungen als Kostenträger."[354] Somit lässt sich abschließend sagen, dass immer Kosten auch als Einzelkosten zu betrachten sind. Dabei ist maßgeblich für das Kriterium des Einzelkostencharakters, die Wahl einer geeigneten Bezugsgröße.[355]

In der Radiologie lassen sich die relativen Einzelkosten beispielsweise an den Personalkosten Ärztlicher Dienst erklären. Die Personalkosten in Verbindung mit der einzelnen Untersuchung stellen Gemeinkosten der Radiologie dar. Dies liegt darin begründet, dass die Kosten nicht von der Entscheidung einer einzelnen Untersuchung abhängig sind.[356] Somit fallen die Personalkosten unabhängig von der erbrachten Leistung an und sind deswegen nicht den einzelnen Untersuchungen zurechenbar. Dennoch sind diese aber der Gesamtzahl an Leistungen, die innerhalb eines Jahres erbracht worden sind, zurechenbar. Das bedeutet, dass die Personalkosten in Bezug zu den Untersuchungen als Gemeinkosten bezeichnet werden. Dagegen zählen aber die Personalkosten in Bezug zu den Untersuchungen insgesamt zu den Einzelkosten. Genauer gesagt sind die Personalkosten ein Teil der Einzelkosten der entsprechenden Kostenstelle und ebenfalls ein Teil der Gemeinkosten der einzelnen Kostenplätze dieser Kostenstelle.[357] Somit sind Personalkosten auch Einzelkosten der Kostenstelle Radiologie und sind in diesem Fall auch abhängig von der Entscheidung eine Radiologie zu betreiben.[358]

Riebel unterscheidet in seinen Ausführungen zwischen Leistungskosten und Bereitschaftskosten[359], da die Unterscheidung zwischen fixen und variablen Kosten zu weitläufig und unbestimmt ist.[360] Die Personalkosten der Radiologie sind somit die Bereitschaftskosten und gemäß der zeitlichen Beeinflussbarkeit Einzelkosten des Quartals, des Halbjahres oder des Jahres.[361]

Aus dem obigen Beispiel zur Relativierung der Einzelkosten und Gemeinkosten wird deutlich, dass aufgrund einer möglichst richtigen Kostenerfassung jegliche Sachverhalte, Institutionen, Funktionen und Maßnahmen zur Bezugsgröße erfasst werden. Das bedeutet, dass beispielsweise nicht nur Einzelkosten einer Untersuchung bzw. Leistungseinheit, sondern auch nach Einzelkosten einer Leistungsgesamtheit Berücksichtigung finden.[362] Die Relativierung des Begriffs Einzelkosten führt damit zu einer Erweiterung des Begriffsinhaltes und bildet die Grundlage dafür, dass ein Krankenhaus jegliche Kosten als Einzelkosten

---

[354] Riebel (1990, S. 37).
[355] Vgl. Strehlau-Schwoll (1993, S. 214).
[356] Vgl. Strehlau-Schwoll (1993, S. 214).
[357] Vgl. Hummel und Männel (1986, S. 99).
[358] Vgl. Strehlau-Schwoll (1993, S. 214).
[359] Die Leistungskosten und Bereitschaftskosten sind im Abschn. 3.3.3.2 schon erwähnt worden. Dort sind sie im Zusammenhang mit beschäftigungsvariablen und fixen Kosten erläutert worden. Diese Bezeichnung ist synonym zu sehen (vgl. Hummel und Männel 1986, S. 102).
[360] Vgl. Riebel (1990, S. 35 ff.) sowie Wöhe (2008), Kilger (2007, S. 83).
[361] Vgl. Strehlau-Schwoll (1993, S. 214 f.).
[362] Vgl. Hummel und Männel (1986, S. 99).

erfassen kann.[363] Somit lassen sich Kostenarten, die den Einzelkostencharakter inne haben, den Kostenstellen oder Kostenträgern zurechnen.[364]

Anhand des folgenden Beispiels soll die Verrechnung von Preisen auf Basis relativer Einzelkosten anhand der Kostenstelle Radiologie verdeutlicht werden, bevor auf die Radiologie des Modellkrankenhauses eingegangen wird. Die Kostenstelle Radiologie setzt sich in diesem Beispiel aus CT, MRT und konventionellem Röntgen zusammen. Dort sind die Gesamtkosten der Radiologie u. a. Personalkosten Ärztlicher Dienst, Personalkosten Nichtärztlicher Dienst, Röntgenfilme und Kontrastmittel vorhanden. Dabei sind Einzelkosten beispielsweise des CTs die Kosten, die direkt mit dem Betrieb des CTs in Verbindung stehen. Dazu gehören u. a. die Kontrastmittel und das direkt zurechenbare Personal. Dagegen stellt die Leitung der Radiologie nicht Einzelkosten des CTs, sondern Einzelkosten der Abteilung Radiologie dar. Diese Kosten sind die Bereitschaftskosten.[365] Im Rahmen der Innerbetrieblichen Leistungsverrechnung und schließlich bei der Verrechnungspreisbildung würde man nun bei einer klassischen Verteilung der Gesamtkosten der Kostenstelle Radiologie wie folgt vorgehen. Zunächst wird, wie schon bei der Vollkostenmethode beschrieben,[366] die Summe der Kostenstellenkosten durch die Anzahl der mit Punkten gewichteten Leistungen dividiert und den anfordernden Kostenstellen gemäß der Inanspruchnahme zugerechnet. Jedoch stellen in Bezug auf die einzelne Leistung beispielsweise die Personalkosten keine Einzelkosten der Leistung dar. Allein die Kontrastmittel und die Röntgenfilme sind beispielsweise Einzelkosten und können somit dem einzelnen Kostenträger im Rahmen der relativen Einzelkostenrechnung zugeschrieben werden.[367] Das bedeutet im Hinblick auf die Bereitschaftskosten, dass den innerbetrieblichen Leistungen nur die jeweiligen variablen Kosten und die durch den einzelnen Auftrag zusätzlich verursachten fixen Kosten zugerechnet werden dürfen.[368]

In der Radiologie des Modellkrankenhauses ist diese Verrechnung von Preisen auf Basis von relativen Einzelkosten so nicht möglich, da im Institut nur Kostenstelleneinzelkosten erfasst werden. Die durch den einzelnen Auftrag verursachten variablen Kosten und die zusätzlich verursachten fixen Kosten können deshalb nicht abgebildet werden. Die Radiologie besteht, wie bereits schon erläutert, u. a. aus der Kostenstelle konventionelles Röntgen. Auf dieser Kostenstelle werden neben den Radiologieeinzelkosten die Einzelkosten für das Untersuchungsspektrum konventionelles Röntgen gebucht. Somit lassen sich diese Kosten nicht spezifisch für eine Untersuchung zuordnen.[369] Denn Voraussetzung für die Durchführung ist, dass nur bestimmte Kostenarten bzw. Einzelkosten einer Kostenstelle über die Innerbetriebliche Leistungsverrechnung zuzurechnen sind oder die Kostenarten gemäß dem Ansatz der relativen Einzelkosten auf unterschiedlichen Kostenstellen zur weiteren

---

[363] Vgl. Hummel und Männel (1986, S. 100).
[364] Vgl. Strehlau-Schwoll (1993, S. 216).
[365] Vgl. Strehlau-Schwoll (1993, S. 216).
[366] Vgl. Abschn. 3.3.3.1.
[367] Vgl. Strehlau-Schwoll (1993, S. 216).
[368] Vgl. Riebel (1990, S. 41).
[369] Vgl. Abschn. 3.1 u. 3.3.3.1.

Verteilung zu verbuchen sind.[370] Zudem sollte berücksichtigt werden, dass die Zurechnung von unechten Gemeinkosten in der Praxis aufgrund von Wirtschaftlichkeitsgründen unterbleibt und auf einer höheren Ebene erfolgt.[371] Denn der Verbrauch von Kontrastmitteln ließe sich theoretisch genau ermitteln und zurechnen, aber es wäre wirtschaftlich nicht sinnvoll. Deswegen wird das gesamte Kontrastmittel einer höheren Hierarchiestufe wie der Kostenstelle konventionelles Röntgen zugerechnet.

Nach Meinung der Autoren ist die Einzelkostenmethode mit der Verrechnung von Preisen auf Basis relativer Einzelkosten nach Riebel für die praktische Anwendung aufgrund des hohen Aufwands bei der differenzierten Kostenzuordnung nicht realisierbar. Unterstützt wird diese Meinung auch in der Literatur, die u. a. diese Problematik als wesentlichen Kritikpunkt sieht und sogar zu der Aussage kommt, dass die Einzelkostenrechnung auf Basis von relativen Kosten für die praktische Anwendung nicht geeignet ist.[372]

3.3.4 Budgetorientierter Ansatz

Der Budgetorientierte Ansatz geht auf die Ausführungen von Streim zurück.[373] Als Grundlage wird der Lenkpreis[374] verwendet. Der Lenkpreis (Verrechnungspreis) orientiert sich dabei an den Grenzkosten.[375] Dies liegt, wie bereits in den Ausführungen zur Marktpreismethode[376] deutlich wurde, darin begründet, dass für radiologische Leistungen ein unvollkommener oder kein externer Markt vorliegt. Streim verweist dabei auf das Modell von Hirshleifer.[377]

In den Ausführungen von Hirshleifer – als auch in denen von Streim – wird deutlich, dass die Lenkpreisbestimmung eine Mengenbestimmung voraussetzt. Dem liegt die Annahme zu Grunde, dass steigende Grenzkosten vorliegen bzw. ein nicht-linearer Kostenverlauf.[378] Bei nicht-linearen Kostenverläufen hängt die Höhe der Grenzkosten von der ausgebrachten Menge ab. Daraus ergibt sich die Notwendigkeit eines zusätzlichen Systems der Verrechnungspreisbildung, welches die Ermittlung der gesamtoptimalen Ausbringung und damit eine Abstimmung der gelieferten sowie abgenommenen Mengen garantiert.[379] Als System eignet sich hierzu das Budget bzw. die Budgetierung, welches die Vorgabe von Wert- oder Mengengrößen durch die Unternehmensleitung an die Bereichsmanager beinhaltet, die innerhalb einer vorgegebenen Periode (Budgetperiode) einzuhalten bzw. umzu-

---

[370] Vgl. Strehlau-Schwoll (1993, S. 216).

[371] Vgl. Riebel (1990, S. 27) sowie Hummel und Männel (1986, S. 203).

[372] Vgl. Kilger (2007, S. 85) sowie Coenenberg (2009).

[373] Vgl. Streim (1975, S. 25 ff.).

[374] Vgl. Abschn. 3.3.1.

[375] Vgl. Streim (1975, S. 34).

[376] Vgl. Abschn. 3.3.2.

[377] Vgl. Streim (1975, S. 34).

[378] Vgl. Reichertz (1999, S. 46), vgl. Streim (1975, S. 34).

[379] Vgl. Reichertz (1999, S. 46).

setzen sind.[380] Somit wird beim Budgetorientierten Ansatz anhand des optimalen Outputs die Höhe des Verrechnungspreises ermittelt und festgelegt. Dabei entspricht der Verrechnungspreis den Grenzkosten.[381]

Unter der Annahme, dass die Leistungspunkte in Höhe von 152.440.000 gewichteten GOÄ-Punkten bei der Radiologie die optimale Outputmenge darstellen, ergeben sich die gleichen Grenzkosten wie bei der Einfachen Grenzkostenmethode bzw. der Verrechnungspreis wie bei der Einfachen Teilkostenmethode.[382] Der Unterschied zu den vorherigen Methoden liegt jedoch darin, dass die Budgetierung eine Preisentwicklung erkennbar macht. Das bedeutet, dass durch Vorgabe der optimalen Outputmenge eine Nichtauslastung bzw. Überlastung sichtbar wird. Eine Veränderung der Grenzkosten bzw. des Verrechnungspreises kann herbeigeführt werden. Somit kann der Verrechnungspreis kontinuierlich angepasst werden.[383]

3.4   Lenkungsfunktion und Wirkung des Verrechnungspreises

Die Lenkungsfunktion ist eine der zwei Hauptfunktionen[384] des Verrechnungspreises. In diesem Abschnitt wird die Anwendung der zuvor ermittelten Verrechnungspreise diskutiert. Dabei steht die Erfüllung der Lenkungsfunktion des Verrechnungspreises im Fokus. Dieses liegt darin begründet, dass mit einem Verrechnungspreis nicht alle Funktionen gleichzeitig erfüllt werden können.[385] In der Tab. 3.23 sind nochmals die zuvor ermittelten Verrechnungspreise im Überblick dargestellt. Da sich die Rechenmethoden der Einfachen Grenzkostenmethode nur durch das Verfahren der Kostenaufspaltung von den Rechnungen im Rahmen der Vollen und Einfachen Teilkostenmethode unterscheiden, können die Aussagen, die zu den Teilkostenmethoden im Folgenden getroffen werden, auch auf die Einfache Grenzkostenmethode bezogen werden. Die Grenzkosten-Plus-Methode sowie der Budgetorientierte Ansatz werden allerdings separat betrachtet. Die Einzelkostenmethode sowie die Verhandlungspreismethode werden nicht in die Diskussion mit einbezogen, da die vorherigen Ausführungen gezeigt haben, dass eine Anwendung nicht praktikabel ist.

Es wird davon ausgegangen, dass Bereichsverantwortliche von Profit-Centern, aber auch von Kostenstellen oder Tochtergesellschaften[386], den Erfolg ihres Verantwortungsbereichs versuchen zu optimieren. Maximierte Bereichserfolge führen allerdings nicht automatisch

---

[380] Vgl. Bruns (2008, S. 45), Vgl. Zapp und Oswald (2009, S. 179 f.), vgl. Reichertz (1999, S. 46).
[381] Vgl. Reichertz (1999, S. 46 f.).
[382] Vgl. Abschn. 3.3.3.2.3 sowie Abschn. 3.3.3.2.2.
[383] Vgl. Streim (1975, S. 35), vgl. Reichertz (1999, S. 46 f.).
[384] Die zweite Hauptfunktion ist die Erfolgsermittlungsfunktion. Zudem sind in der Literatur noch weitere Funktionen zu finden wie die Motivationsfunktion oder die Bewertungsfunktion, auf die hier nicht weiter eingegangen wird.
[385] Vgl. Ewert und Wagenhofer (2008).
[386] Vgl. Coenenberg (2009).

Tab. 3.23 Überblick Verrechnungspreise, nur stationäre Leistungen (eigene Darstellung)

	9 Strahlendiagnostik	12 Angiografie	13 CT	14 MRT
Marktpreis	23,31 €	93,26 €	110,75 €	244,81 €
Gesamte Vollkosten I	16,99 €	67,96 €	80,70 €	178,40 €
Gesamte Vollkosten II	17,87 €	71,46 €	84,86 €	187,59 €
Gesamte Vollkosten III	17,19 €	68,77 €	81,67 €	180,53 €
Direkte Vollkosten I	15,15 €	60,59 €	71,95 €	159,05 €
Direkte Vollkosten II	16,28 €	65,11 €	77,31 €	170,91 €
Direkte Vollkosten III	17,22 €	68,87 €	81,78 €	180,78 €
Volle Teilkosten I	6,96 €	27,82 €	33,04 €	73,04 €
Volle Teilkosten II	5,71 €	22,84 €	27,12 €	59,96 €
Volle Teilkosten III	5,75 €	23,01 €	27,33 €	60,41 €
Volle Teilkosten IV	5,73 €	22,92 €	27,21 €	60,16 €
Einfache Teilkosten	5,52 €	22,10 €	26,24 €	58,00 €
Einfache Grenzkosten	5,71 €	22,85 €	27,13 €	59,98 €

zu dem Erreichen des Gesamtunternehmensziels.[387] Daher ist das Verhalten der Bereichs-verantwortlichen durch die Unternehmensleitung so zu beeinflussen, dass eine Optimie-rung des Bereichs- zu einem maximalen Unternehmenserfolg führt.[388] Sofern die Verhal-tensbeeinflussung in Form von Verrechnungspreisen stattfindet, wird in der Fachlitera-tur von der Koordinations- und Lenkungsfunktion des Verrechnungspreises gesprochen. Auf dem Krankenhaussektor übertragen kann das Gesamtunternehmensziel das prospek-tiv vereinbarte Budget sein. Für die Leistungsbereiche tritt so das abgeleitete Teilbudget neben die bestmögliche Patientenversorgung.[389] Diese Übertragung eines Marktmechanis-mus auf ein einzelnes Unternehmen geht auf Schmalenbach und dessen pretiale Lenkung zurück.[390]

Ein ähnlicher Zusammenhang wie durch die Lenkungsfunktion des Verrechnungsprei-ses wird auch im Prinzipal-Agenten-Ansatz angesprochen. Der Prinzipal, in diesem Fall das Krankenhaus, beauftragt Agenten, das heißt seine Mitarbeiter, für ihn Aufgaben zu erledi-gen.[391] Dabei entsteht allerdings die Problematik, dass die Geschäftsführung des Kranken-hauses auf der einen Seite und die Mitarbeiter auf der anderen voneinander abweichende Zielsetzungen verfolgen.[392] Dabei ist zu beachten, dass aufgrund von asymmetrisch verteil-ten Informationen der Agent unbemerkt vom Prinzipal im Sinne seiner eigenen Interessen

---

[387] Vgl. Ewert und Wagenhofer (2008).
[388] Vgl. Martini (2007, S. 10).
[389] Vgl. Multerer (2006, S. 600 ff.).
[390] Vgl. Coenenberg (2009).
[391] Vgl. Schreyögg (2008).
[392] Vgl. Reichert (1999, S. 73).

handeln kann. Daher hat der Prinzipal Maßnahmen zu ergreifen, damit der Agent in seinem Interesse Entscheidungen trifft.[393] Verrechnungspreise können ein Instrument sein, um das Verhalten der Mitarbeiter zu beeinflussen.[394]

Einführend in die Diskussion um die Verhaltensbeeinflussung der klinischen Mitarbeiter soll etwas Grundsätzliches festgehalten werden. Hohe Verrechnungspreise verringern tendenziell die Anforderungsmenge und niedrige Verrechnungspreise erhöhen tendenziell die Anforderungsmenge.[395] Dieses ist in der Literatur der Allgemeinen Betriebswirtschaftslehre zu finden. Allerdings ist zu hinterfragen, ob der Verrechnungspreis eine Prämisse bei der Anordnung von Diagnostik durch Ärzte darstellt. Anzumerken ist daher, dass die Verhaltensbeeinflussung eine detaillierte Auseinandersetzung mit den Zielsetzungen und Einstellungen der Fachabteilungen und deren Chefärzte voraussetzt.[396] Im Folgenden können somit nur generalisierte Aussagen getroffen werden.

In verschiedenen Untersuchungen zur Anwendung der verschiedenen Methoden zur Verrechnungspreisbildung in der Praxis wurde festgestellt, dass Verrechnungspreise auf Basis von Grenzkosten keine große Bedeutung haben. In der Regel werden Verrechnungspreise in der Form von Marktpreisen oder auf Basis von Vollkosten eingesetzt.[397] Im Abschnitt Marktpreismethode ist jedoch deutlich geworden, dass nur ein Kriterium mit Einschränkungen als erfüllt betrachtet werden kann. Daher ist ein ökonomisch sinnvoller Einsatz von Verrechnungspreisen auf Basis der Marktpreismethode nicht gegeben.[398] Strehlau-Schwoll macht in seinen Ausführungen darauf aufmerksam, dass Marktpreise in der Regel die Ist-Kosten der Leistungen nicht decken.[399] Dieses konnte im Rahmen dieser Untersuchung nicht festgestellt werden. Woraus sich folgern lässt, dass in der Radiologie des Modellkrankenhauses eine effiziente Leistungserstellung erfolgt.

Die Vollkostenrechnung wurde historisch betrachtet zur Preiskalkulation entwickelt. Es ist aber festzustellen, dass sie diesem Zweck nicht gerecht wird.[400] Dieses liegt in den Nachteilen der Vollkostenrechnung begründet, von denen im Folgenden zwei genannt werden. Sofern die Plan-Menge von der Ist-Menge abweicht, enthält der Verrechnungspreis einen nicht der Realität entsprechenden Fixkostenanteil. Hinzu kommt, dass die Fixkosten durch die leistungsempfangenden Fachabteilungen nicht beeinflusst werden können.[401] Dieses führt im Zusammenhang mit den relativ hohen Verrechnungspreisen, die aufgrund des Vollkostensystems entstehen, unter Umständen zu einer geringen Inanspruchnahme der Diagnostikleistungen. Zu beachten ist dabei, dass sich dadurch die Fixkosten in der Radiologie, die ein Großteil der Gesamtkosten ausmachen, nicht verringern. Daher sind die

---

[393] Vgl. Schreyögg (2008).
[394] Vgl. Reichert (1999, S. 73).
[395] Vgl. Ewert und Wagenhofer (2008).
[396] Vgl. Multerer (2008, S. 55).
[397] Vgl. Reichert (1999, S. 59).
[398] Vgl. Ewert und Wagenhofer (2008).
[399] Vgl. Stehlau-Schwoll (1999, S. 76).
[400] Vgl. Hummel und Männel (1983, S. 28).
[401] Vgl. Stehlau-Schwoll (1999, S. 76).

Verrechnungspreise auf Vollkostenbasis aus lenkungsspezifischen Gesichtspunkten für das Krankenhaus suboptimal.

Kostenrechnungssysteme mit dem Sachumfang Teilkosten wirken den Nachteilen der Vollkostenrechnung entgegen.[402] Verrechnungspreise auf Teilkostenbasis können allerdings bei den anfordernden Fachabteilungen die Annahme auslösen, dass es sich bei den Diagnostiken der Radiologie um preiswerte Leistungen handelt.[403] Dieses könnte zu einer unreflektierten Inanspruchnahme der Leistungen führen,[404] da das Kostenbewusstsein geschwächt ist.[405] Daher empfiehlt es sich, unter Berücksichtigung der Lenkungsfunktion entweder die Grenzkosten-Plus-Methode oder den Budgetorientierten Ansatz zu verwenden. Durch die Beeinflussung des Bereichsergebnisses über den Verrechnungspreis kann das Verhalten der Chefärzte gesteuert werden.[406] Die Vorteile der Teilkostenrechnung gegenüber der Vollkostenrechnung bleiben berücksichtigt. In der Grenzkosten-Plus-Methode wird zudem der Fachabteilung, so transparent wie möglich, der von ihr zu tragende Fixkostenblock der Radiologie in der Deckungsbeitragsrechnung aufgezeigt.[407] Der Budgetorientierte Ansatz bietet durch die Verbindung von Budgets und Verrechnungspreisen zwei Instrumente zur Motivationsförderung und Lenkung.[408] Des Weiteren bietet der Ansatz die Möglichkeit Abweichungsanalysen vorzunehmen. Insbesondere bei kostenstellenbezogener Budgetierung können Probleme aufgedeckt und analysiert werden. So können entsprechende Maßnahmen zum Zweck der Verhaltenssteuerung abgeleitet werden. Multerer schlägt in seinen Ausführungen entsprechende Sanktionen für größere als auch für reserviert und nicht abgenommene Leistungen vor. Nach seiner Meinung können Verhaltensteuerungseffekte von Verrechnungspreisen erst durch das Aufzeigen von Konsequenzen bei Abweichungen zur vollen Geltung kommen.[409] Bei dem Budgetorientierten Ansatz sind jedoch die Gefahren der Manipulation bei partizipativen Budgeterstellungen[410] und die Problematik der Mengenbestimmung sowie dessen Folgen für die Verrechnungspreisermittlung zu berücksichtigen.[411]

Die Teilnahme an der DRG-Kalkulation wird vom Modellkrankenhaus angestrebt. Diese erfolgt auf Vollkostenbasis.[412] Es besteht theoretisch die Möglichkeit in einer Unternehmung verschiedene Verrechnungspreise gleichzeitig einzusetzen. Dies liegt darin begründet, dass ein Verrechnungspreis nicht alle Funktionen erfüllen kann. Diese Vorgehensweise

---

[402] Vgl. Schweitzer und Küpper (2008, S. 64).

[403] Vgl. Hoope (1999, S. 64).

[404] Vgl. Stehlau-Schwoll (1999, S. 75).

[405] Vgl. Hoope (1999, S. 64).

[406] Vgl. Ewert und Wagenhofer (2008) sowie Reichert (1999, S. 42).

[407] Vgl. hierzu ausführlich Hoope (1999, S. 57 ff.).

[408] Vgl. hierzu ausführlich Streim (1975, S. 23 ff.).

[409] Vgl. hierzu ausführlich Multerer (2008, S. 136 ff.).

[410] Die Budgetierung erfolgt durch die Unternehmensleitung und den verantwortlichen Bereichsleitern (vgl. Streim 1975, S. 26 f.).

[411] Vgl. Streim (1975, S. 34 f.)..

[412] Vgl. InEK GmbH (2007, S. 2).

ist jedoch mit Schwierigkeiten behaftet.[413] Daher erscheint es für das Modellkrankenhaus zweckmäßig, zuerst Verrechnungspreise auf Vollkostenbasis einzusetzen. Zudem ist der gesetzliche Kostenbegriff pagatorisch geprägt.[414] Daher müsste vom Modellkrankenhaus beachtet werden, dass die ermittelten Verrechnungspreise z. T. kalkulatorische Kosten enthalten, sofern diese bei der DRG-Kalkulation verwendet werden.

---

[413] Vgl. Ewert und Wagenhofer (2008).
[414] Vgl. Keun und Prott (2008).

Ausblick

Die verschiedenen Verrechnungspreise wurden für radiologische Leistungen am Beispiel eines Modellkrankenhauses entwickelt und untersucht. Zuvor wurde mit den theoretischen Grundlagen und der Vorstellung der Radiologie des Modellkrankenhauses eine Basis geschaffen, die Thematik einzuordnen und ein Bild von der Radiologie zum besseren Verständnis zu entwickeln. Abschließend wurden im Hinblick auf die Lenkungsfunktion die Verrechnungspreise untersucht und diskutiert. Dabei wurde insbesondere die Wirkung des Verrechnungspreises auf das Anforderungsverhalten der Verantwortlichen betrachtet. Unter Lenkungsgesichtspunkten kommt diese Ausarbeitung zum Ergebnis, dass die Grenzkosten-Plus-Methode sowie der Budgetorientierte Ansatz diese Funktion am besten erfüllen.

Die Verrechnungspreisbildung sollte aufgrund der hohen Leistungsverflechtung und des damit einhergehenden hohen Anteils von innerbetrieblichen Leistungen an den Kosten der Fachabteilungen eine höhere Bedeutung im Krankenhausmanagement beigemessen werden.[415] Verrechnungspreise sind Ansätze der Unternehmensrechnung und -steuerung. Es konnte herausgearbeitet werden, dass es eine Vielzahl an Methoden und Möglichkeiten gibt, einen Verrechnungspreis zu ermitteln. Des Weiteren wird deutlich, wie Verrechnungspreise für Serviceeinheiten gestaltet werden können und wie die Konzeption ein kostenbewusstes Verhalten gewährleisten kann.

Insbesondere bei der Ermittlung der Verrechnungspreise zeigte sich ein mögliches Optimierungspotenzial im Hinblick auf die Berechnungsgrundlagen. Es wurde deutlich, dass am Kostenstellenplan Veränderungen vorgenommen werden könnten. So sollte eine Allgemeine Kostenstelle für die Radiologie eingerichtet werden, wo die Kosten gebucht werden, die die gesamte Radiologie betreffen.

Neben der Optimierung im Bereich der Kostenerfassung gibt es im Bereich der Leistungserfassung eine weitere Maßnahme. Dies wäre die differenziertere Darstellung der Leistungsstatistik. Das bedeutet, dass eine kostenstellenbezogene Leistungserfassung erfolgen sollte. Durch die Differenzierung könnten dann die Leistungen den Kosten besser zugeordnet werden.

---

[415] Vgl. Hoppe (1999, S. 64).

S. Hesse et al., *Innerbetriebliche Leistungsverrechnung im Krankenhaus*,
Controlling im Krankenhaus, DOI 10.1007/978-3-658-04164-9,
© Springer Fachmedien Wiesbaden 2013

Unter Beachtung dieser aufgezeigten Maßnahmen kann einem Krankenhaus, das erst die Teilnahme an der externen DRG-Kalkulation anstrebt, empfohlen werden, zunächst den Einsatz der Verrechnungspreise auf Vollkostenbasis zu verwenden. Nachdem sich dieses System etabliert hat, könnte das Krankenhaus prüfen, ob es aus Lenkungsgesichtspunkten und zur besseren Erreichung der Unternehmungsziele sinnvoll erscheint, zusätzlich die Verrechnungspreise nach der Grenzkosten-Plus-Methode auszurichten. Das bedeutet, dass das Krankenhaus zwei Verrechnungspreise einsetzen müsste. Dennoch sollte das Modellkrankenhaus dabei entstehende Problematiken berücksichtigen, die in Bezug auf die Verhaltenssteuerung und schließlich auch bei der Vermittlung an die Chefärzte der Fachabteilungen auftreten könnten.

Anhang 1: Leistungs- und Kostendefinition

Autor	Kosten	Leistungen
Coenenburg (2007, S. 24), nach Schmalenbach (1963, S. 6)	„bewerteter sachzielbezogener … Güterverbrauch"	„bewerte sachzielbezogene Gütererstellung"
Haberstock, L. (2008, S. 17 f.)	„Wert aller verbrauchten Güter und Dienstleistungen pro Periode und zwar für die Erstellung der ‚eigentlichen' (typischen) betrieblichen Leistungen"	„Wert aller erbrachten Leistungen pro Periode im Rahmen der ‚eigentlichen' (typischen) betrieblichen Tätigkeit (= Erlös)"
Hentze und Kehres (2008, S. 21 f.)	„Kosten sind bewerteter Verzehr von Gütern und Dienstleitungen, der zur Erreichung des Betriebszwecks sowie zur Aufrechterhaltung der erforderlichen Kapazitäten entsteht"	„Häufig wird die den Kosten gegenüberstehende Rechengröße als Leistung bezeichnet. Der Leistungsbegriff wird jedoch nicht ausschließlich wertmäßig, sondern auch mengenmäßig gebraucht."
Hummel und Männel (1986, S. 68 und 82)	„Kosten sind bewerteter, durch die Leistungserstellung bedingter Güter- oder Dienstleistungsverzehr."	„Erträge sind nicht ausschließlich, aber doch überwiegend das Ergebnis der betrieblichen Leistungserstellung. Sofern sie dies sind, nennt man sie Leistungen oder Betriebserträge."
Keun und Prott (2006, S. 64 und 66), nach Hummel und Männel (1986, S. 73 und 84)	„Kosten sind bewerteter leistungsbezogener Güterverbrauch"	„Leistungen im Sinne des Rechnungswesens sind das Ergebnis der betrieblichen Leistungserstellung und der in Geld ausgedrückte Wert der gesamten Ausbringung einer Geschäftsperiode"
Kilger (1987, S. 8)	„Als Kosten wollen wir den bewerteten Verbrauch an Produktionsfaktoren bezeichnen, der für den eigentlichen Betriebszweck anfällt"	„Entsprechend ist die Leistung, synonym auch als Betriebsertrag bezeichnet, gleich dem Wertzuwachs durch die während einer Periode hergestellten und abgesetzten Produktmengen"

Autor	Kosten	Leistungen
Schmalenbach (1963, S. 6 und 10)	„Kosten sind die in der Kosten-rechnung anzusetzenden Werte der für Leistungen verzehrten Güter."	„Während wir unter Kosten ... verstehen, bezeichnen wir mit Leistung ein bestimmtes Werte-schaffen. Nicht jedes Werte-schaffen ist eine Leistung, sondern nur das dem eigent-lichen Betriebszweck resul-tierende Werteschaffen."
Schweitzer und Küpper (2008, S. 13)	„Kosten sind der bewertete sachzielbezogene Güterver-brauch einer Abrechnungs-periode"	–
Wöhe (2005, S. 816)	„Bewerteter Verzehr von Gütern und Dienstleistungen, der durch die betriebliche Leistungserstellung verursacht wird"	„Wert aller erbrachten Leistungen im Rahmen der typischen betrieblichen Tätigkeit"
Zapp et al. (2010, S. 136)	„... sachzielbezogenen und bewerteten Verbrauchs an Produktionsfaktoren"	„Allgemein ist Leistung also das Ergebnis (Wertbegriff/Erlös) oder der Prozess (Mengenbegriff/ Kombination der Produktions-faktoren) einer Anstrengung."

Quelle: Eigene Darstellung (Datenquellen entsprechend Spalte Autoren).

Anhang 2: Merkmale des Leistungsbegriffs (ausführlich)

Autor	Leistungsdefinition	Merkmal 1	Merkmal 2	Merkmal 3	Merkmal 4
Coenenberg (2007, S. 24) nach Schmalenbach (1963, S. 6)	„bewerte sachziel-bezogene Güter-erstellung"	sachziel-bezogene	–	bewertete	Güter-erstellung
Haberstock (2008, S. 18)	„Wert aller erbrachten Leistungen pro Periode im Rahmen der ‚eigentlichen' (typischen) betrieblichen Tätigkeit (= Erlös)"	typische betriebliche Tätigkeit	pro Periode	Wert	erbrachte Leistungen
Hentze und Kehres (2008, S. 22.)	„Häufig wird die den Kosten gegenüberstehende Rechengröße als Leistung bezeichnet. Der Leistungs-begriff wird jedoch nicht ausschließlich wertmäßig, sondern auch mengenmä-ßig gebraucht."	–	–	–	–
Hummel und Männel (1986, S. 82)	„Erträge sind nicht aus-schließlich, aber doch überwiegend das Ergebnis der betrieblichen Leistungs-erstellung. Sofern sie dies sind, nennt man sie Leis-tungen oder Betriebs-erträge."	betriebliche Leistungs-erstellung	–	–	Ergebnis der Leistungs-erstellung
Keun und Prott (2006, S. 64) nach Hummel und Männel (1986, S. 84)	„Leistungen im Sinne des Rechnungswesens sind das Ergebnis der betrieblichen Leistungserstellung und der in Geld ausgedrückte Wert der gesamten Ausbringung einer Geschäftsperiode"	betriebliche Leistungs-erstellung	Geschäfts-periode	Geld aus-gedrückte Wert	Ergebnis der Leistungs-erstellung

Autor	Leistungsdefinition	Merkmal 1	Merkmal 2	Merkmal 3	Merkmal 4
Kilger (1987, S. 8)	„Entsprechend ist die Leistung, synonym auch als Betriebsertrag bezeichnet, gleich dem Wertzuwachs durch die während einer Periode hergestellten und abgesetzten Produktmengen"	–	einer Periode	–	Wertezuwachs durch die hergestellten und abgesetzten Produktmengen
Schmalenbach (1963, S. 10)	„Während wir unter Kosten … verstehen, bezeichnen wir mit Leistung ein bestimmtes Werteschaffen. Nicht jedes Werteschaffen ist eine Leistung, sondern nur das dem eigentlichen Betriebszweck resultierende Werteschaffen."	Betriebszweck	–	–	Werteschaffe
Schweitzer und Küpper (2008)	–	–	–	–	–
Wöhe (2005, S. 816)	„Bewerteter Verzehr von Gütern und Dienstleistungen, der durch die betriebliche Leistungserstellung verursacht wird"	typische betriebliche Tätigkeit	–	Wert	erbrachte Leistungen
Kosiol (1959, S. 9)	„… das Ergebnis einer jeden Güterkombination im Produktionsprozess, so sind damit sämtliche Ergebnisse der vielfältigen Tätigkeiten im Betrieb ausnahmslos als Leistungen anzusehen."	im Betrieb	–	–	sämtliche Ergebnisse der vielfältigen Tätigkeiten im Betrieb/ Güterkombination im Produktionsprozess
Zapp et al. (2010, S. 36)	„Allgemein ist Leistung also das Ergebnis (Wertbegriff/Erlös) oder der Prozess (Mengenbegriff/Kombination der Produktionsfaktoren) einer Anstrengung."	–	–	Wertbegriff	Ergebnis oder Prozess einer Anstrengung

Quelle: Eigene Darstellung (Datenquellen entsprechend Spalte Autoren).

Anhang 3: Zweistufiger Leistungserstellungsprozess am Beispiel der Pflege

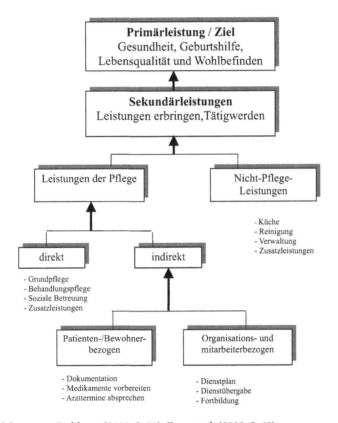

Quelle: In Anlehnung an Eichhorn (2008, S. 91); Zapp et al. (2000, S. 69)

Anhang 4: Herleitung Grenzkosten

Leistungen	152.440.000	gewichtete GOÄ Punkte
Personalkosten fix und variabel	2.960.000 €	
Sachkosten fix und variabel	2.209.087 €	
Gesamtkosten fix und variabel	5.169.087 €	
Personalkosten variabel	59.200 €	
Sachkosten variabel	1.754.295 €	
= variable Gesamtkosten (Kv)	1.813.495 €	
	1.813.495	
Variable Stückkosten (kv)	152.440.000 = 0,0119 €	
Gesamtkosten fix und variabel	5.169.087 €	
-Gesamtkosten variabel	1.813.495 €	
Fixe Personal- und Sachkosten	3.355.592 €	
Fixe Personal- und Sachkosten	3.355.592 €	
+ Infrastrukturkosten	698.000 €	
= Fixe Kosten (Kf)	4.053.592 €	
Proportionalisierte Stückfixkosten		
4.053.592 ./. 152.440.000=	2,659	Cent

Quelle: Eigene Darstellung

Literaturverzeichnis

Monografien, Zeitschriften und Sammelbände

Arnold, Andrea (2008): Krankenhaus und ambulante Versorgung. In: Schmidt-Rettig, Barbara u. Eichhorn, Siegfried (Hrsg.): Krankenhaus-Managementlehre. Theorie und Praxis eines integrierten Konzepts. Stuttgart. W. Kohlhammer GmbH. S. 619–654

Aumayr, Klaus (2009): Erfolgreiches Produktmanagement. Tool-Box für das professionelle Produktmanagement und Produktmarketing. 2. Ergänzte Auflage. Wiesbaden. Verlag Dr. Th. Gabler GmbH

Berger, Hendrike u. Christian (2008): Grundlagen der Gesundheitspolitik und Gesundheitsökonomie. In: Schmidt-Rettig, Barbara u. Eichhorn, Siegfried (Hrsg.): Krankenhaus-Managementlehre. Theorie und Praxis eines integrierten Konzepts. Stuttgart. W. Kohlhammer GmbH. S. 3–33

Bölke, Günter u. Schmidt-Rettig, Barbara (1988): Leistungsrechnung – Leistungsstatistik. In: Eichhorn, Siegfried (Hrsg.): Handbuch Krankenhaus-Rechnungswesen. Grundlagen – Verfahren – Anwendungen. 2. überarbeitete und erweiterte Auflage. Wiesbaden. Betriebswirtschaftlicher Verlag Dr. Th. Gabler GmbH. S. 457–497

Bopp, Manfred u. Hohenbild, Rolf (1984): Kosten- und Leistungsrechnung im Krankenhaus I. Bad Homburg v.d.H. Bettendorf Verlagsgesellschaft m.b.H.

Brobst, Ruth (1996): Der Pflegeprozess in der Praxis. Bern/Göttingen/Toronto/Seattle. Verlag Hans Huber

Bruns, Thomas (2008): Controllinginstrumente zur Entscheidungssteuerung bei vertikaler Integration. Eine modelltheorethische Analyse von Budgets und Verrechnungspreisen. Hamburg. Verlag Dr. Kovac

Deutsche Krankenhausgesellschaft (2007): DKG-NT Band I. Tarif der Deutschen Krankenhausgesellschaft zugleich. BG-T. Vereinbarter Tarif für die Abrechnung mit den gesetzlichen Unfallversicherungsträgern. 31. überarbeitete Auflage. Stuttgart. W. Kohlhammer GmbH

Coenenberg, Adolf G. u. a. (2009): Kostenrechnung und Kostenanalyse. 7. überarbeitete und erweiterte Auflage. Stuttgart. Schäffer-Poeschel Verlag für Wirtschaft – Steuern – Recht GmbH

Conrad, Hans-Joachim (2004): Rechnungswesen & Controlling – eine Einführung für Krankenhausbeschäftigte. Kulmbach. Baumann Fachverlage GmbH & Co KG

Däumler, Klaus-Dieter u. Grabe, Jürgen (2008): Kostenrechnung 1. Grundlagen. 10. überarbeitete Auflage. Herne/Berlin. Verlag Neue Wirtschafts-Briefe GmbH & Co.

Edling, Herbert (2008): Volkswirtschaftslehre. Schnell erfasst. Heidelberg. 2. überarbeitete Auflage. Springer Verlag

Eichhorn, Siegfried (1975): Krankenhausbetriebslehre. Theorie und Praxis des Krankenhausbe-
triebs. 3. überarbeitete und erweiterte Auflage. Köln. W. Kohlhammer GmbH

Eichhorn, Siegfried (1999): Profit-Organisation und Prozessorientierung – Budget-, Prozess- und
Qualitätsverantwortung im Krankenhaus. In: Eichhorn, Siegfried u. Schmidt-Rettig, Barbara
(Hrsg.): Profitcenter und Prozessorientierung. Optimierung von Budget, Arbeitsprozessen und
Qualität. W. Kohlhammer GmbH. S. 1–13

Eichhorn, Siegfried (2008): Krankenhausbetriebliche Grundlagen. In: Schmidt-Rettig, Barbara u.
Eichhorn, Siegfried (Hrsg.): Krankenhaus-Managementlehre. Theorie und Praxis eines integrierten Konzepts. Stuttgart. W. Kohlhammer GmbH. S. 81–104

Erlemann, Cornelia u. Torbecke, Oliver (2002): Prozessgestaltung in der Röntgenabteilung. In: Zapp,
Winfried (Hrsg.): Prozessgestaltung im Krankenhaus. Heidelberg. Economica Verlag Hüthig
GmbH & Co. KG. S. 237–255

Ewert, Ralf u. Wagenhofer, Alfred (2008): Interne Unternehmensrechnung. 7. überarbeitete Auflage.
Berlin/Heidelberg/New York. Springer Verlag

Frese, Erich (2005): Grundlagen der Organisation. Konzept – Prinzipien – Strukturen. 9. überarbeitete Auflage. Wiesbaden. Betriebswirtschaftlicher Verlag Dr. Th. Gabler GmbH

Friedl, Birgit (2003): Controlling. Stuttgart. Lucius & Lucius Verlagsgesellschaft mbh

Haberstock, Lothar (2008): Kostenrechnung I. Einführung. 13. neu bearbeitete Auflage. Bearbeitet
von Volker Breithecker. Berlin. Erich Schmidt Verlag GmbH & Co.

Haubrock, Manfred (2009a): Struktur des Gesundheitswesens. In: Haubrock, Manfred u. Schär, Walter (Hrsg.): Betriebswirtschaft und Management im Krankenhaus. 5. vollständig überarbeitete
und erweiterte Auflage. Bern. Verlag Hans Huber

Haubrock, Manfred (2009b): Interdependenzen zwischen Gesundheit und Ökonomie. In: Haubrock,
Manfred u. Schär, Walter (Hrsg.): Betriebswirtschaft und Management im Krankenhaus. 5. vollständig überarbeitete und erweiterte Auflage. Bern. Verlag Hans Huber.

Hentze, Joachim u. Kehres, Erich (2008): Kosten- und Leistungsrechnung in Krankenhäusern. Sys-
tematische Einführung. 5. völlig überarbeitete Auflage. Stuttgart. W. Kohlhammer GmbH

Hentze, Joachim u. Kehres; Erich (2007): Buchführung und Jahresabschluss im Krankenhäusern.
Methodische Einführung. 3. überarbeitete und erweiterte Auflage. Stuttgart. W. Kohlhammer
GmbH

Hildebrand, Rolf (1988): Kostenrechnung. In: Eichhorn, Siegfried (Hrsg.): Handbuch Krankenhaus-
Rechnungswesen. Grundlagen – Verfahren – Anwendungen. 2. überarbeitete und erweiterte
Auflage. Wiesbaden. Betriebswirtschaftlicher Verlag Dr. Th. Gabler GmbH. S. 344–497

Hoppe, Alex u. a. (1999): Modell einer Deckungsbeitragsrechnung für Ergebnisorientierte Leistungs-
zentren (ELZ). Grundstufe und Ausbaustufe. In: Eichhorn, Siegfried u. Schmidt-Rettig, Barbara
(Hrsg.): Profitcenter und Prozessorientierung. Optimierung von Budget, Arbeitsprozessen und
Qualität. W. Kohlhammer GmbH. S. 57–71

Hummel, Siegfried u. Männel, Wolfgang (1986): Kostenrechnung 1. Grundlagen, Aufbau und Anwendung. 4. völlig neu bearbeitete und erweiterte Auflage. Wiesbaden. Betriebswirtschaftlicher
Verlag Dr. Th. Gabler GmbH

Hummel, Siegfried und Männel, Wolfgang (1983): Kostenrechnung 2. Moderne Verfahren und Systeme. 3. Auflage. Wiesbaden. Betriebswirtschaftlicher Verlag Dr. Th. Gabler GmbH

InEK GmbH (2007): Kalkulation von Fallkosten. Handbuch zur Anwendung in Krankenhäusern.
3. Version. Düsseldorf. Deutsche Krankenhaus Verlagsgesellschaft mbH

Kersting, Thomas (2008): Prozess und Struktur der Diagnostik und Therapie. In: Schmidt-Rettig, Barbara u. Eichhorn, Siegfried (Hrsg.): Krankenhaus-Managementlehre. Theorie und Praxis eines integrierten Konzepts. Stuttgart. W. Kohlhammer GmbH. S. 281–302

Kehres, Erich (1994): Kosten und Kostendeckung der ambulanten Behandlung im Krankenhaus. Essen. MA Akademie Verlag- und Druck-Gesellschaft mbH

Keun, Friedrich u. Prott, Roswitha (2008): Einführung in die Krankenhaus-Kostenrechnung. Anpassung an neue Rahmenbedingungen. 7. überarbeitete Auflage. Wiesbaden. Betriebswirtschaftlicher Verlag Dr. Th. Gabler GmbH

Kilger, Wolfgang (1987): Einführung in die Kostenrechnung. 3. durchgesehene Auflage. Wiesbaden. Betriebswirtschaftlicher Verlag Dr. Th. Gabler GmbH

Kilger, Wolfgang u. a. (2007): Flexible Plankostenrechnung und Deckungsbeitragsrechnung. 12. vollständig überarbeitete Auflage. Wiesbaden. Betriebswirtschaftlicher Verlag Dr. Th. Gabler/GWV Fachverlage GmbH

Klockhaus, Heinz-E. (1997): Kosten- und Leistungsrechnung im Krankenhaus. Betriebliches Steuerungs-Instrument und Grundlage der Leistungs- und Kalkulationsaufstellung. München/Essen/Ebene Reichenau. Bettendorf'sche Verlagsanstalt GmbH

Kloock, Josef u. a. (2005): Kosten- und Leistungsrechnung. 9. aktualisierte und erweiterte Auflage. Stuttgart. Lucius & Lucius Verlagsgesellschaft mbH

Kosiol, Erich (1979): Kostenrechnung der Unternehmung. 2. überarbeitete und ergänzte Auflage. Wiesbaden. Betriebswirtschaftlicher Verlag Dr. Th. Gabler KG

Kuhlmann, Harald (2003): Pflege im DRG-System. Wie kann pflegerische Leistung erfasst werden? Teil: 2: PPR und LEP. In: Die Schwester Der Pfleger. Ausgabe 10/2003. o. S.

Kuntz, Ludwig u. Vera, Antonio (2005): Auswirkungen der Einführung von interner Leistungsverrechnung auf die Effizienz im Krankenhaus. In: Schmalenbachs Zeitschrift für betriebswirtschaftlicher Forschung. Ausgabe 11/2005. S. 595–616

Kutscher, Jan (2008): Methoden der Personalbedarfsrechnung. In: Arzt und Krankenhaus. 11/2008. S. 329–332

Küpper, Hans-Ulrich (2008): Controlling. Konzeption, Aufgaben, Instrumente. 5. überarbeitete Auflage. Stuttgart. Schäffer-Poeschel Verlag für Wirtschaft – Steuern – Recht GmbH

Langenbeck, Jochen (2008): Kosten- und Leistungsrechnung. Herne. Verlag Neue Wirtschafts-Briefe GmbH & Co. KG

Liesmann, Konrad (1997): Gabler Lexikon Controlling und Kostenrechnung. Wiesbaden. Betriebswirtschaftlicher Verlag Dr. Th. Gabler GmbH

Lohmann, Christian (2007): Verrechnungspreisgestaltung. Im Spannungsfeld zwischen interner Budgetierung und steuerlicher Gewinnabgrenzung. Saarbrücken. VDM Verlag Dr. Müller e. K.

Männel, Wolfgang (1992): Vorwort. In: Männel, Wolfgang (Hrsg.): Handbuch Kostenrechnung. Wiesbaden. Betriebswirtschaftlicher Verlag Dr. Th. Gabler GmbH. S. V–VII

Mankiw, Gregory u. Taylor, Mark (2008): Grundzüge der Volkswirtschaftslehre. 4. überarbeitete und erweiterte Auflage. Stuttgart. Schäffer-Poeschel Verlag für Wirtschaft – Steuern – Recht GmbH

Martini, Jan Thomas (2007): Verrechnungspreise zur Koordination und Erfolgsermittlung. Wiesbaden/Bielefeld. Deutscher Universitäts-Verlag

Meyer, Claus (2007): Bilanzierung nach Handels- und Steuerrecht. Unter Einschluss der Konzernrechnungslegung und der internationalen Rechnungslegung. 18. vollständige überarbeitete Auflage. Rheinbreitbach. Verlag Neue Wirtschaftsbriefe GmbH & Co. KG

Michaelis, Ulrike (2007): Gefühlsarbeit in der Pflege. Was quatschst du so lange? Wir haben zu tun. In: Die Schwester Der Pfleger. Ausgabe 02/2007. o. S.

Multerer, Christian u. a. (2006): Gestaltung von Verrechnungspreisen im Krankenhaus: Anforderung, Probleme und Lösungsansätze im Kontext der DRGs. In: Betriebswirtschaftliche Forschung und Praxis. Ausgabe 6/2006. S. 600–617

Multerer, Christian (2008): Verrechnungspreise für Profit-Center im Krankenhaus. Möglichkeiten und Grenzen ihrer Gestaltung im Kontext deutscher DRGs. München. Technische Universität München. Fakultät Wirtschaftswissenschaften (Diss.)

Neagler, H. u. Kersting, T. (2008): Personalmanagement im Krankenhaus. Grundlagen und Praxis. Berlin. MWM Medizinisch wissenschaftliche Verlagsgesellschaft

Oberender, Peter (2006): Wachstumsmarkt Gesundheit. 2. grundlegend überarbeitete und aktualisierte Auflage. Stuttgart. Lucius & Lucius Verlagsgesellschaft mbh

Oestmann, Jörg (2002): Radiologie. Ein fallorientiertes Lehrbuch. Stuttgart. Georg Thieme Verlag

Olfert, Klaus (2008): Kostenrechnung. 15. Auflage. Ludwigshafen. Friedrich Kiehl Verlag GmbH

Pfaff, Dieter u. Pfeiffer, T. (2004): Verrechnungspreise für ihre formaltheoretische Analyse: Zum State of the Art. Ist das Dilemma der pretialen Lenkung wirklich ein Dilemma? In: Die Betriebswirtschaft. Ausgabe 03/2004. S. 296–319

Pindyck, Robert u. Rubinfeld, Daniel (2005): Mikroökonomie. 6. Auflage. München. Pearson Studium

Plücker, Wolfgang (2006): Personalbedarfsermittlung im Krankenhaus. 9. überarbeitete Auflage. Wuppertal. DKI GmbH

Preusker, Uwe (2008): Lexikon Gesundheitsmarkt. Die Gesundheitswirtschaft in Stichworten und Zahlen. 2. überarbeitete und erweiterte Auflage. Heidelberg. Economica Verlagsgruppe Hüthig Jehle Rehm GmbH und MedizinRecht.de Verlag

Reichertz, Ruth (1999): Verrechnungspreise zur Koordination und Steuerung von Entscheidungen. Eine organisations- und agencytheoretische Betrachtung. Hamburg. Verlag Dr. Kovac

Riebel, Paul (1990): Einzelkosten- und Deckungsbeitragsrechnung. Grundfragen einer markt- und entscheidungsorientierten Unternehmensrechnung. 6. wesentlich erweiterte Auflage. Wiesbaden. Betriebswirtschaftlicher Verlag Dr. Th. Gabler

Schepers, Josef u. a. (2008): Erlösverantwortung versus Erlösverteilung. Integration der Kostenträgerrechnung in die Profitcenterrechnung. In: KUspezial Controlling. Ausgabe 04/2008. S. 9–13

Schierenbeck, Henner (2008): Grundzüge der Betriebswirtschaftslehre. 17. vollständig überarbeitete und erweiterte Auflage. München. Oldenbourg Wissenschaftsverlag GmbH

Schmalenbach, Eugen (1963): Kostenrechnung und Preispolitik. 8. erweiterte und verbesserte Auflage. Bearbeitet von Richard Bauer. Köln/Opladen. Westdeutscher Verlag

Schmidt-Rettig, Barbara (2008): Finanzierung. In: Schmidt-Rettig, Barbara u. Eichhorn, Siegfried (Hrsg.): Krankenhaus-Managementlehre. Theorie und Praxis eines integrierten Konzepts. Stuttgart. W. Kohlhammer GmbH. S. 379–426

Schmidt-Rettig, Barbara u. Westphely, Klaus (1992): Kosten- und Leistungsrechnung im Krankenhaus. In: Männel, Wolfgang (Hrsg.): Handbuch Kostenrechnung. Wiesbaden. Betriebswirtschaftlicher Verlag Dr. Th. Gabler GmbH. S. 1181–1193

Schreyögg, Georg (2008): Organisation. Grundlagen moderner Organisationsgestaltung. Mit Fallstudien. 5. vollständig und überarbeitete und erweiterte Auflage. Wiesbaden. Dr. Th. Gabler GmbH

Schulenburg, Matthias Graf von der u. Greiner, Wolfgang (2007): Gesundheitsökonomik. 2. neu überarbeitete Auflage. Tübingen. Mohr Siebeck

Schweitzer, Marcell u. Küpper, Hans-Ulrich (2008): Systeme der Kosten- und Erlösrechnung. 9. überarbeitete und erweiterte Auflage. München. Verlag Franz Vahlen GmbH

Simon, Michael (2010): Das Gesundheitssystem in Deutschland. Eine Einführung in Struktur und Funktionsweise. 3. vollständig überarbeitete und aktualisierte Auflage. Bern. Verlag Hans Huber

Streim, Hannes (1975): Profit Center-Konzeption und Budgetierung. In: Die Unternehmung. Ausgabe 1/1975. S. 23–42

Strehlau-Schwoll, Holger (1993): Anpassung der Kosten- und Leistungsrechnung an die Erfordernisse des GSG. In: das Krankenhaus. Heft 5/93. S. 214–220

Strehlau-Schwoll, Holger (1999): Bedeutung von internen Verrechnungspreisen in Profitcentern. Unterschiedliche Verfahren und ihre Wirkungsweisen. In: Eichhorn, Siegfried u. Schmidt-Rettig, Barbara (Hrsg.): Profitcenter und Prozessorientierung. Optimierung von Budget, Arbeitsprozessen und Qualität. W. Kohlhammer GmbH. S. 72–79

Trill, Roland und Tecklenburg, Andres (2000): Geschäfts- und Betriebsführung. Personalarbeit im Krankenhaus-Personalbereitstellung. In: Trill, Roland und Tecklenburg, Andres (Hrsg.): Das erfolgreiche Krankenhaus. Best Practice. Prozessmanagement. Controlling. Hermann Luchterhand Verlag GmbH. Neuwied, Kriftel. Teil 6, S. 5

Tuschen, Karl Heinz u. Trefz, Ulrich (2010): Krankenhausentgeltgesetz. Kommentar mit einer umfassenden Einführung in die Vergütung stationärer Krankenhausleistungen. 2. vollständig überarbeitete und erweiterte Auflage. Stuttgart. W. Kohlhammer GmbH

Uleer, Christoph u. a. (2006): Abrechnung von Arzt- und Krankenhausleistungen. Kommentar. 3. völlig neu überarbeitete Auflage. München. Verlag C. H. Beck

Weber, Helmut Kurt (1992): Grundbegriffe der Kostenrechnung. In: Männel, Wolfgang (Hrsg.): Handbuch Kostenrechnung. Wiesbaden. Betriebswirtschaftlicher Verlag Dr. Th. Gabler GmbH. S. 5–18

Wenz, Edgar (1992): Ermittlung und Verrechnung der Kosten innerbetrieblicher Leistungen. In: Männel, Wolfgang (Hrsg.): Handbuch Kostenrechnung. Wiesbaden. Betriebswirtschaftlicher Verlag Dr. Th. Gabler GmbH. S. 486–501

Wetzke, Martin (2007): Bildgebende Verfahren. München. Urban & Fischer Verlag

Wöhe, Günter (2008): Einführung in die Allgemeine Betriebswirtschaftslehre. 23. vollständig überarbeitete Auflage. München. Verlag Franz Vahlen GmbH

Zapp, Winfried u. a. (2000): Interne Budgetierung auf Grundlage der Pflegeversicherung. Ergebnisse eines anwendungsorientierten Forschungsprojekts in der stationären Altenhilfe. Herne-Wanne. Krankenhausdrucke-Verlag Wanne-Eickel GmbH

Zapp, Winfried (2008a): Betriebswirtschaftliches Rechnungswesen. In: Schmidt-Rettig, Barbara u. Eichhorn, Siegfried (Hrsg.): Krankenhaus-Managementlehre. Theorie und Praxis eines integrierten Konzepts. Stuttgart. W. Kohlhammer GmbH. S. 427–476

Zapp, Winfried (2008b): Kosten- und Leistungsrechnung für Gesundheitsunternehmen. In: Greiner, Wolfgang u. Schulenburg, Johann-Matthias Graf von der (Hrsg.): Gesundheitsbetriebslehre. Management von Gesundheitsunternehmen. Bern. Verlag Hans Huber. S. 323–359

Zapp, Winfried (2009): Kosten-, Leistungs-, Erlös- und Ergebnisrechnung (KLEE-Rechnung).1. Auflage. Kulmbach. Baumann Fachverlage GmbH & Co. KG

Zapp, Winfried u. Oswald, Julia (2009): Controllinginstrumente für Krankenhäuser. 1. Auflage. Stuttgart. W. Kohlhammer GmbH

Zapp, Winfried u. a. (2010): Prozesslenkung. In: Zapp, Winfried (Hrsg.): Prozessgestaltung in Gesundheitseinrichtungen. Von der Analyse zum Controlling. 2. vollständig überarbeitete und erweiterte Auflage. Heidelberg/München/Landsberg/Frechen/Hamburg. Economica. Verlagsgruppe Hüthig Jehle Rehm GmbH. S. 121–170

Zeitverlag Gerd Bucerius GmbH & Co. KG [Hrsg.] (2005): Das Lexikon. Mit dem Besten aus der Zeit. In 20 Bänden. Hamburg. Zeitverlag Gerd Bucerius GmbH & Co. KG

Zepf, Margit u. Gussone, Max (2009): Das Tarifrecht in Krankenhäusern, Universitätskliniken, Heimen und sozialen Einrichtungen. Besonderheiten und Handlungsanleitungen nach TVöD und TV-L. Frankfurt am Main. Bund Verlag GmbH

Internetquellen

Curagita AG (2009): Wie sieht die Radiologie in Zahlen aus? Ein Überblick. In: http://www.radiologie.de/relaunch/cms/front_content.php?idcatart=259&lang=1&client=1

Deutsche Krankenhausgesellschaft (2006): Sachkosten im Krankenhaus 2005. In: http://www.dkgev.de/pdf/1942.pdf

Kassenärztliche Bundesvereinigung (2008): Grunddaten der vertragsärztlichen Versorgung in Deutschland. 2008. Zahlen – Fakten – Informationen. In: http://www.kbv.de/publikationen/125.html

Pfundstein, Andrea (2008): Newsletter Medizinrecht. Honorarreform der Vertragsärzte zum 01.01.2009. In: http://www.paluka.de/fileadmin/paluka/pdf/Honorarreform_der_Vertragsaerzte_ab_01.01.pdf

Statistisches Bundesamt u. a. (2009): Bevölkerung Deutschland. In: http://www.statistikportal.de/Statistik-Portal/de_zs01_bund.asp

Verband der Krankenhausdirektoren Deutschland e. V. (2009): Organisation. In: http://www.vkd-online.de/organisation.html?PHPSESSID=kggrzywq

Gesetze, Verordnungen, Richtlinien

BÄO: Bundesärzteordnung. Bundesärzteordnung in der Fassung der Bekanntmachung vom 16. April 1987, zuletzt geändert durch Artikel 4 des Gesetzes vom 2. Dezember 2007

GOÄ: Gebührenordnung für Ärzte. Gebührenordnung für Ärzte in der Fassung der Bekanntmachung vom 9. Februar 1996, zuletzt geändert durch Artikel 17 des Gesetzes vom 4. Dezember 2001

KHBV: Verordnung über die Rechnungs- und Buchführungspflichten von Krankenhäusern. Krankenhaus-Buchführungsverordnung in der Fassung der Bekanntmachung vom 24. März 1987, zuletzt geändert durch Artikel 27 des Gesetzes vom 14. August 2006

KHG: Gesetz zur Regelung der wirtschaftlichen Sicherung der Krankenhäuser und zur Regelung der Krankenhauspflegesätze. Krankenhausfinanzierungsgesetz in der Fassung der Bekanntmachung vom 10. April 1991, zuletzt geändert durch Artikel 18 des Gesetzes vom 26. März 2007

KHEntgG: Gesetz über die Entgelte für voll- und teilstationäre Krankenhausleistungen. Krankenhausentgeltgesetz vom 23. April 2002, zuletzt geändert durch Artikel 2 des Gesetzes vom 17. März 2009

SGB V: Sozialgesetzbuch (SGB) Fünftes Buch (V) – Gesetzliche Krankenversicherung. Fünftes Buch Sozialgesetzbuch – Gesetzliche Krankenversicherung – zuletzt geändert durch Artikel 3 des Gesetzes vom 17. März 2009